KB169708

오작동하는

뇌

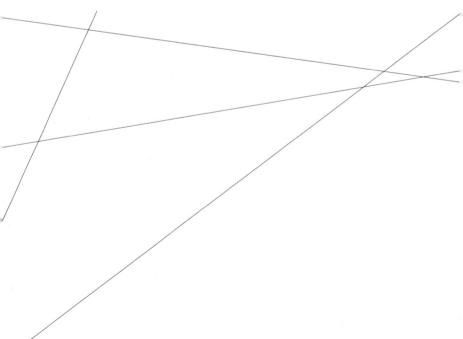

오 작 동 하 는 뇌

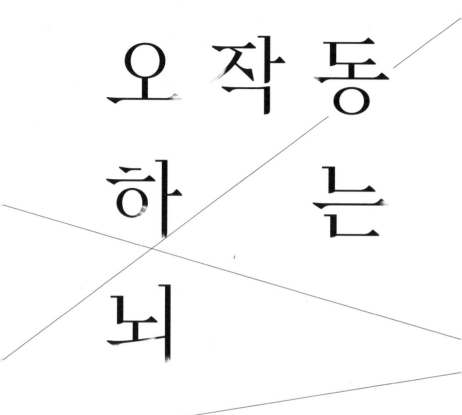

히구치 나오미Naomi Higuchi 지음
김영현 옮김

다다
서재

일러두기

1. 본문 각주 중 '지은이 주'라고 표기하지 않은 것은 모두 옮긴이 주입니다.

2. 외래어는 국립국어원 외래어 표기법을 준수하되, 일부는 일상에서 널리 쓰이는 표기를 따랐습니다.

3. 본문과 주에 나오는 도서 중 한국에 출간된 경우는 한국어판 서지 정보를 수록했습니다.

4. 현재 한국에서 사용하는 '치매'라는 용어는 '어리석을 치(癡)'와 '어리석을 매(呆)'를 합친 단어로 장애의 특징을 온전히 담아내지 못하며 당사자에게 차별적이라는 비판을 받아왔습니다. '치매'를 사용하던 한자문화권 국가들에도 비슷한 문제의식이 있었고, 2000년대 들어 대만은 '실지증(失智症)', 일본은 '인지증(認知症)', 중국과 홍콩은 '뇌퇴화증(腦退化症)'으로 명칭을 바꾸었습니다. 한국에서도 여러 차례 법률을 개정하여 '인지장애증' '인지저하증' 등으로 변경하려 했으나 매번 보류되었습니다. 이 책에서는 '치매' 대신 '인지저하증'을 사용했습니다.

5. 일본은 '장해(障害)'를 한국에서 쓰는 '장애(障礙)'의 의미로 사용합니다. 이 책에서는 '장애'로 통일했지만, 일본에만 있는 개념의 경우에는 '장해'라고 썼습니다. (예. 고차뇌기 능장해, 주의장해)

들어가며

길에서 쓰러진 백발 여성과 몇 시간 동안 이야기를 나눈 적 있습니다.

"괜찮아요. 그냥 넘어진 거예요." 여성은 구급차를 부르려는 저를 극구 말렸습니다. 저는 어디로 가던 길인지 집은 어디인지 물었습니다.

"이 근처일 텐데… 어디더라… 근처인 건 확실한데."

저와 함께 백발 여성을 일으켜 세운 젊은 여성이 바로 경찰에 전화를 걸었습니다.

한 경찰관이 당황한 표정으로 오더니 한동안 여기저기와 통신을 했고, 마침내 여성의 가족과 연락이 닿았습니다. 여성은 전에도 경찰의 보호를 받았던 적이 있는 듯했습니다.

가족이 데리러 오기를 기다리는 동안 저는 여성과 길가에 나란히 앉아 느긋하게 이야기를 나눴습니다.

지적인 분인 듯해 젊은 시절에 무슨 일을 하셨는지 물었습니다.

"나요, 실은 도쿄 올림픽에서 통역을 했어요."

여성은 자랑스러운 듯이 당시(1964년) 일을 들려주었습니다.

여성은 최근 들어 길을 헛갈리는 등 이상한 일이 계속된다고 했습니다.

"왠지 나… 점점 바보가 되는 것 같아…."

여성은 따님의 권유로 함께 병원에 갔던 일을 담담하게 이야기했습니다.

"…병인 걸… 아셨어요?"

여성은 입가로만 살짝 웃었습니다. 그 미소가 제 마음을 찔렀습니다.

"어떤… 기분이셨어요?"

물으면 안 된다고 생각하면서도 물을 수밖에 없었습니다. 미소 짓는 그 옆얼굴에서 예전의 제가 보였기 때문입니다.

여성은 제 눈을 마주 보았습니다.

"당신도, 언젠가 나와 같은 병에 걸리면 알게 될 거예요."

끝까지 밝히지 않았지만, 저 역시 그 여성과 같은 세계 주민입니다. 예전에는 저도 어두컴컴한 구렁텅이의 밑바닥에 있었습니다. 저는 50세에 레비소체 인지저하증 진단을 받았습니다.

제가 당사자가 되어보니 제 병이나 '인지저하증'의 증세는 책과 인터넷에서 본 설명과 꽤 달랐습니다. (이런 차이는 뇌질환과 뇌장애 전반에 걸쳐서 오랫동안 있었을 것이라고 생각합니다.) 그래서 저는 스스로를 관찰하여 일기를 썼고, 그 일기는 『내 뇌에서 일어난 일』[1]이라는 책으로 출간되었습니다. 그 책을 계기로 생각지도 못했던 세계의 문이 열렸지요.

레비소체 인지저하증 진단을 받았을 때에는 5년 후의 제가 어떨지 전혀 상상할 수 없었습니다. 『내 뇌에서 일어난 일』은 제가 쓰기 능력을 잃기 전에 사회에 남기는 작별 인사이기도 했습니다. 하지만 어딜 감히, 하듯이 예상이 빗나가 오늘도 저는 쓰고 있습니다. (쓰기란 병 걸린 뇌에 매우 어려운 작업이긴 합니다.)

그렇습니다. 이제 저는 이따금씩 오작동하는 제 뇌와 어떻게 함께해야 하는지 자세히 알고 있습니다. 고물이 된 제 몸을 충분히 이해하고 정교하게 다루면서 어려움을 마주할 때

---

1   『私の脳で起こったこと』, ブックマン社 2015.

마다 대처법을 차례차례 마련하고 있지요. 그렇게 병에 걸리기 전과 다른 '새로운 나'로서 힘껏 살아가고 있습니다.

• • •

이 책은 출판사 이가쿠쇼인医学書院이 운영하는 간호사를 위한 웹 매거진 「칸칸!かんかん!」에 2017년 1월부터 2년 반 동안 연재한 같은 제목의 글을 크게 가필한 것입니다.

연재를 하고 가필을 하는 사이에도 증상은 계속 변했습니다. 제 생각도 느낌도 시간과 함께 변했기 때문에 예전 글을 보면 '지금과 다르네.' 싶은 부분이 여기저기 눈에 띕니다. 하지만 과거의 저에게서 배울 수 있는 것도 있습니다.

연재하는 동안 고차뇌기능장해高次脳機能障害[2]와 발달장애 당사자들이 제 증상을 접하고 "저와 무척 비슷하네요."라고 종종 말해주었습니다. 조현병 같은 질환과도 공통점이 있다고 하고요. 지금껏 다르다고 구분되며 함께 다뤄지지 않았던 병과 장애들이었는데, 사실 서로 비슷하지 않은 게 이상하겠지

---

[2]   교통사고나 뇌혈관 질환 등으로 뇌가 손상되어 언어, 기억력, 주의력, 행동 등에 문제를 일으키는 신경심리학적 장애를 폭넓게 가리키는 개념이다. 병리학적인 개념은 아니며 일본의 후생노동성에서 행정상 정신질환을 구분하기 위해 고안해냈다. 일상생활에 큰 지장을 주지만 신체적으로 눈에 띄는 특징이 없기에 '보이지 않는 장애'라고도 한다.

요. 원인이 병이든 사고든 고령이든 간에 모두 '뇌기능장애'니까요.

우리가 지닌 뇌기능장애는 '보이지 않는 장애'이기 때문에 다양한 곤란을 겪어도 주위에서 눈치채지 못하는 경우가 많고 이해를 받기도 어렵습니다. 말로 설명해서는 제가 어떤 어려움을 겪는지 잘 전해지지 않지요. 인지저하증 전문의에게서 "그런 증상 처음 들어봅니다."라는 말을 듣고 놀란 적도 여러 번 있습니다.

저부터도 저에게 어떤 장애가 있는지를 '무언가 하지 못하게 되었을 때' 처음으로 깨닫습니다. 그때마다 깜짝 놀라서 '이건 대체 무슨 일이지?' 생각하며 자료 등을 찾아보는데… 뭐, 꽤 재미있습니다. 무언가 할 수 없을 때 비로소 뇌가 무의식적으로 연중무휴 해왔던 일들을 깨닫고 감탄하거나 감동하지요.

여러분도 눈앞의 세계를 다른 형태로 인식하는 체험과 그 불가사의함을 저와 함께 즐겨주신다면 더할 나위 없이 기쁘겠습니다.

자, 출발합니다. 저의 뇌 속으로!

차 례

들어가며　　05

I　**어느 날, 갑자기 세계가 변했다**

지금은 잃어버린 그 달콤한 냄새　　15

먼눈도 밤눈도 모두 뇌에 달렸다　　28

사로잡힌 귀　　33

오감이라는 메시지　　41

보이지 않는 독이 다가온다　　47

우리 집에 정령이 있다　　53

II　**환시는 환시라 눈치챌 수 없다**

환시를 가상현실로 재현하기까지　　65

사라진 여성과 거대한 거미　　72

환시라는 고독　　80

저주가 풀리고 괴물이 사라졌다!　　88

감옥으로 들이친 빛　　95

'말'이라는 인재　　104

놓칠 수 없는 고삐　　114

III　**시간과 공간을 헤매다**

내가 시간을 잃어버려도　　125

사막을 걸어가기　　131

아름다운 실로 짜여가는 시간　　137

이상한 나라로 빠져들 때　　145

외출할 때는 전투복을　　154

IV 기억이라는 이름의 블랙박스

문을 닫으면 존재가 사라진다   165
왜 못 하는지 나도 몰라   174
'가능'과 '불가능'을 양손에 쥐고   183

V 어찌어찌 어떻게든 된다

보이지 않는 장애   197
눈은 뇌의 창문   208
잠을 잔다는 고행   220
내 목을 조이는 손을 풀어라   230
"잘 먹겠습니다."에 이르는 끝없는 여정   240
요리가 서투른 우리에게   250

VI 우울증 치료에서 살아남다

지옥문이 열리다   261
빼앗긴 몸   269
진흙탕에서 빠져나오다   279
치료라는 정글을 나아가는 법   295

에필로그   308

나가며   313
옮긴이의 말   317

'레비소체 인지저하증dementia with Lewy bodies'은 1996년 진단 기준이 발표되었습니다. (발견한 이는 요코하마시립대학 명예교수인 정신과 전문의 고사카 겐지이며, 병의 사례가 처음 보고된 것은 1976년입니다.) 환자 수는 알츠하이머 인지저하증 다음으로 많지만, 증상이 사람마다 다르게 나타나는 데다 초기에 기억장애가 두드러지지 않아 우울증 등 다른 병으로 진단되는 환자가 적지 않다고 합니다.

레비소체 인지저하증은 오랫동안 '진행이 빠르고, 예후가 나쁘다'고 여겨졌습니다. 하지만 최근 들어 조기 발견이 가능해진 덕에 약제 과민성에 주의한 치료와 적절한 돌봄이 이뤄지면 좋은 상태를 오랫동안 유지할 수 있다는 보고가 늘어나고 있습니다.

한편 '레비소체병'이란 뇌의 신경세포 속에 레비소체(알파-시누클레인a-synuclein 등 단백질이 모인 덩어리)가 축적됨으로써 발병하는 질환들을 통틀어 가리키는 말입니다. 레비소체병 환자 중에는 인지저하증 증상이 없는 분들도 있습니다.

I

어느 날,
갑자기 세계가 변했다

지금은 잃어버린
그 달콤한 냄새

제가 "냄새를 모른다."고 하면 사람들은 언제나 깜짝 놀랍니다. 그리고 순간 크게 뜬 눈 속에는 꼭 동정이 섞여 있지요.

후각장애가 어떤 것인지 잘 보여주는 반응이라고, 그때마다 생각합니다. 후각과 관련한 장애는 보는 것만으로 결코 알 수 없습니다. 그런데 그 장애로 인한 슬픔을 상상하기는 쉽지요. 감정 이입하기 쉬운 장애인 셈입니다.

냄새가 행복이라는 감정과 밀접하게 연결되어 있다는 사실을 저는 후각이 저하된 뒤에야 깨달았습니다. 갓 볶은 원두로 내린 커피, 찻주전자에 정성스레 우린 홍차, 밥솥에 담겨 있는 흰쌀밥, 부엌에서 보글보글 끓는 된장국…. 일상생활에 당연하다는 듯이 존재하는 냄새는 모두 행복, 안락, 온기 등과 깊은 관련이 있습니다. 그런데 저는 지금 냄새가 사라진 세계를 살아가고 있습니다.

좋아했던

장어구이의 냄새가…

레비소체 인지저하증 진단을 받았던 그해, 단풍으로 유명한 절에 가족끼리 나들이를 갔다가 저에게 후각장애가 있다는 사실을 알았습니다. 형형색색 단풍에 감동하여 무척 즐거워하며 북적이는 절 앞의 길을 걷는데, 남편이 말했습니다.

"와, 냄새 너무 좋은데!"

무슨 영문인지 몰라 주위를 둘러보니 장어집 앞에서 풍로에 양념구이를 굽고 있는 게 눈에 띄었습니다. 가까이 다가가보니 숯불 위의 장어에서는 양념이 뚝뚝 떨어지고 있었고, 치익치익 소리가 나고 있었습니다.

저는 제 후각이 아예 사라졌다는 사실을 그때 처음 깨달았습니다. 어떤 느낌이라고 설명하면 좋을까요.

산책하다 철도 건널목에 다다랐는데 차단기가 내려와서 멈춰 섰다. 눈앞의 경보기에서는 둥근 표시등 두 개가 리드미컬하게 번갈아서 깜박였다. 그 순간, 경고음이 들리지 않는다는 걸 알았다! 모든 소리가 사라진 와중에 표시등만 쉬지 않고 깜박였다….

그 순간, 세계는 변해버립니다. 지금껏 알던 세계는 이미 사라졌으며 내가 다른 세계로 들어섰다는 사실을 아무런 예고 없이 폭력적으로 자각하게 됩니다.

알츠하이머병 초기 증상 중 하나가 후각 저하라는 사실은 알고 있었습니다. 일단 후각부터 저하되고 뒤이어 기억장애가 시작된다는 설명을 읽은 적이 있습니다. 후각 저하는 인지저하증이 시작되는 신호라는 걸요. (레비소체 인지저하증과 레비소체병으로 분류되는 파킨슨병[1]에서는 더욱 높은 확률로 초기부터 후각장애가 일어난다는 것을 나중에 알게 되었습니다.)

그 무렵에는 수년간 저를 괴롭히며 두렵게 했던 환시幻視[2]가 줄어들었고, 심각했던 몸 상태도 조금씩 나아지고 있었습니다. 저는 진단을 받은 후 처음으로 조금씩 희망을 품고 있었습니다. 의학서에는 "젊어서 발병하는 레비소체 인지저하증은 빨리 진행된다. 예후가 나쁘며 여명이 짧다."라고 쓰여 있지만, 나는 예외일지 몰라…. 이렇게 생각하며 오랜 절망에서 빠져나와 빛을 되찾으려 하던 시기였습니다.

---

1   파킨슨병은 뇌에서 도파민을 만드는 세포가 퇴화하여 일어나는 질환으로 운동기능 저하 등이 주된 증상이다. 파킨슨병과 레비소체 인지저하증은 임상적·병리학적으로 비슷하다고 여겨지며 두 질환의 증상이 동반되기도 한다.

2   실제로 존재하지 않는 것을 보이는 듯이 느끼는 환각 현상.

그렇지만 아무런 냄새도 없이 먹음직스러운 소리만 내며 구워지고 있던 장어는 제가 찾아낸 등불을 한순간에 꺼버렸습니다. 하필이면 제가 가장 좋아하고 각별한 추억도 많은 음식인 장어가요….

"성격이 변했어."라는
잔혹한 말

'문제없다고 생각했는데. 기억력도 머지않아 사라질 거야. 판단력도. 그다음에는 뭐가 사라질까.'

지금 돌이켜보면 당시 충격과 스트레스가 심했기 때문인지 한동안 맛을 거의 느끼지 못했습니다. 뭘 먹어도 무슨 맛인지 알 수 없었고, 식감 또한 변해서 모든 음식이 맛없게 느껴졌지요.

그럼에도 저는 주부였기 때문에 매일 요리를 만드는 일상은 변하지 않았습니다. 냄새를 못 맡게 되고, 맛을 잘 모르게 된, 이런 변화를 남편에게도 아이에게도 말하지 않았습니다. 그만큼 저는 후각과 미각이 상실된 사태를 심각하게 받아들였습니다.

이유는 잘 모르겠지만, 가장 만들기 힘든 음식은 된장국이었습니다.

된장국은 남편이 좋아하는 음식이라 매일매일 만들었습니다. 그때껏 했던 감이 있어 국을 끓일 수는 있었습니다. 하지만 간을 봐도 맛다운 맛이 나지 않았습니다. 된장이 부족한지 충분한지, 육수가 제대로 우려졌는지 아닌지, 전혀 알 수 없었지요.

잃어버린 후각과 미각이 다시 회복될 것 같진 않았습니다. 무슨 맛인지도 모르는 음식을 남편과 아이에게 매일 만들어주면서 저는 점점 궁지에 몰렸습니다.

이제 와 생각해보니 가족에게 사정을 설명하고, 반찬 배달을 시키는 등 대책을 세우면 그만인 문제였습니다. 하지만 당시에는 '이제 나는 다 끝났는지도 몰라. 어떡해야 할지 모르겠어.'라고만 생각했으니, 정상적인 정신 상태는 아니었지요.

어느 날 남편이 된장국을 한 입 먹어보더니 말했습니다. "맛있지 않아." 그 말을 듣자마자 저는 화를 내며 소리쳤습니다. "그럼 당신이 만들어!"

남편에게 갑자기 크게 화를 낸 건 그때가 처음이었던 것 같습니다. 남편도 처음 보는 저의 반응에 당황했습니다.

그때 제 감정은 결코 분노가 아니었습니다. 슬픔이었지요. 그간 이를 악물고 붙들었던 것이 걷잡을 수 없이 무너져버린 것입니다.

그 일이 있고 얼마 지나지 않아 인터넷을 살피다 젊은 인지저하증 환자에 대한 설명을 봤습니다. 제가 겪은 일과 똑같은 장면이 쓰여 있었습니다. 이런 문장이 있더군요.

"젊어서 인지저하증에 걸리면 성격이 변하고 성미가 조급해진다. 갑자기 이유 없이 화를 내기도 한다."

우리 집에서 벌어진 것과 똑같은 상황, 제가 한 것과 똑같은 말이 환자 가족의 증언으로 쓰여 있었습니다.

'인지저하증'이라는 딱지가 붙으면 무슨 말을 하든 어떤 행동을 하든 전부 '인지저하증'의 증세로 여겨진다는 것을, 그때 알았습니다.

듣고 싶지 않은
말

후각이 갑자기 사라졌는지, 아니면 조금씩 저하되었는데 제가 눈치채지 못했을 뿐인지, 저도 잘 모르겠습니다. 돌이켜보면 애용하던 아로마 오일에서 갑자기 아무 향도 나지 않았던 적이 있긴 합니다.

저는 40대부터 수면장애를 겪었고 이따금 수면제를 복용했습니다. 그런데 어느 날부터 약이 듣지 않고 머리에 불편한 느낌만 오래 남아서 수면제를 아예 끊어버렸습니다. 그래도 잠자기 위해 이런저런 노력을 했는데, 그중에서도 아로마 오일이 효과가 있어 종종 사용하곤 했지요.

그런데 어느 날 그 아로마 오일에서 아무런 향이 느껴지지 않았던 것입니다. 그때는 저에게 문제가 있다고 생각하지 못하고 아로마 오일이 변질되어 향이 사라진 줄 알았습니다. 마침 수면장애도 크게 신경 쓰이지 않던 터라 그대로 아로마 오일을 쓰지 않았지요.

냄새를 잘 모른다고 했지만, 코를 바싹 대고 맡아보면 이건 뭐구나 하고 알긴 압니다. 가령 이건 간장, 이건 식초, 하고요. 다만 조금 떨어지면 알 수 없습니다.

친구와 함께 식사하던 때의 일입니다. 친구가 "아, 유자 향이 진짜 좋다." 했을 때, 저는 비로소 제가 먹고 있는 요리에 유자가 들어간 것을 알았습니다.

많은 분들이 저에게 말합니다. "냄새를 못 맡으면 맛도 알 수 없지요?"

별로 듣고 싶지 않은 말입니다. '나도 맛있는 건 맛있다고 알아!'라고 생각하니까요. 그래도 예전의 저와 비교해 미각이 얼마나 예민한가 고민해보면… 역시 의기소침해지기는 합니다.

요리는

코로 만든다

지금 생각해보면 저는 예전에 혀가 꽤 예민했습니다. 요리하는 것도 좋아했기에 레스토랑에서 맛있는 요리를 먹으면 집에서 재현해보려고도 했지요. 조미료를 뭘 썼을까, 숨은 맛은 무엇일까, 하며 맛을 보고 레시피를 상상했습니다.

이제는 불가능한 일입니다. 두 번 다시 할 수 없다고 포기했습니다. 요리 자체를 좋아하지 않게 되었지요. 요리를 한들 아무런 즐거움도 기쁨도 느껴지지 않습니다. 요리는 코로 한다는 걸, 후각이 저하된 뒤에야 깨달았습니다.

참기름을 두른 프라이팬에 잘게 다진 파와 마늘을 넣었을 때 퍼지는 냄새. 그다음 프라이팬에 넣은 고기가 점점 익어가는 냄새. 조미료를 더하고 드디어 최상의 냄새가 풍기는 순간 '아, 됐다. 완벽해!' 하며 느끼는 성취감, 만족감, 행복감…. 굳이 간을 보지 않아도, 맛있는 요리인지 아닌지는 코로 알 수 있습니다.

지금은 요리를 한들 아무런 냄새도 없습니다. 고기나 생선을 굽다가 익었는지 확인하려면 반으로 잘라서 색을 봐야 합니다. 조림도 색으로 판단하지요. 좋아했던 수프도 이제는 만들지 않습니다. 온갖 허브와 향신료를 사용해 만들던 수프였습니다. 요즘은 후추 정도만 씁니다.

냄새가 나지 않는 것은 이제 저에게 당연한 일이 되었습니다. 인간은 무슨 일에든 적응하는 법이더군요. 하지만 가끔씩 프라이팬 속의 요리를 보다가 문득 '예전에는 여기에서 냄새라는 게 났었지.' 하는 생각이 들면 심한 상실감에 휩싸이곤 합니다.

와인의 향기, 꽃의 향기,
그리고 사과의 향기!

이제 냄새에 대해서는 생각하지 않는 게 좋습니다. 사람은 생각만 안 하면 없는 것을 그다지 의식하지 않거든요.

저 혼자 있을 때는 후각 저하를 거의 의식하지 않습니다. "와, 냄새 좋다!" 하고 다른 사람이 말해야 비로소 냄새가 있다는 걸 깨닫지요. 친구가 선물해준 홍차를 마시는데 남편이 방에 들어오며 향이 좋다고 감탄할 때, 저는 그때 처음으로 나의 세계에는 없는 향기의 존재를 눈치챕니다.

그럴 때마다 늘 놀라고, 조금 쓸쓸해집니다. 행복한 감정을 제가 공유할 수 없으니까요.

한번은 가족에게 경사스러운 일이 있어서 좀처럼 가지 않는 레스토랑에 다 함께 갔습니다. 평소 주문하지 않는 와인도 시켰지요.

요리가 테이블에 놓일 때 가족들은 "와, 냄새 좋다!"라며 목소리를 높였고, 와인이 유리잔에 채워질 때도 "역시 좋은 와인은 향부터 다르네."라고 했습니다. 저는 조용히 웃었습니다. 그것밖에는 할 수 없었지요. 홀로 냄새를 모른다는 게 이렇게나 고독한 일이구나, 그때 생각했습니다.

그때는 지금과 달리 항상 병세의 진행을 무서워했습니다. 후각장애를 신경 쓰는 건 병세를 의식하는 일이기도 했지요. 그날 레스토랑에서 가족이 가장 행복하던 순간, 저는 앞으로 그 행복을 부수는 존재가 될 저 자신을 저주받은 사람이라고 생각했습니다.

최근에는 커피에서든 요리에서든 아무런 냄새도 나지 않는 것에 익숙해졌지만, 꽃에서 향기가 나지 않는 것만큼은 몇 년이 지나도 익숙해지지 않습니다.

길을 걷다 서향나무의 꽃을 발견했을 때, 금목서나 납매와 마주쳤을 때, 향기가 없다는 데 가벼운 충격을 받습니다. 1년 전만 해도 코를 가까이 대면 느껴지던 향기가 아무리 맡아봐도 느껴지지 않을 때는 더욱 그랬지요.

SNS를 보면 많은 이들이 꽃 사진을 올리며 좋은 향기를 맡는 행복을 이야기합니다. 저는 그걸 보면서 처음으로 아름다운 풍경에 대해 듣기만 하는 시각장애인, 음악의 훌륭함에 대해 읽기만 하는 청각장애인의 마음을 상상해볼 수 있었습니다.

다만 그렇다고 해서 제가 상처를 입지는 않았습니다. 기분이 나쁘지도 않았고요. 그저 '아, 내가 느끼지 못하는 걸 모두 느끼면서 그 기쁨을 공유하고 있구나…'라고 생각했을 뿐이지요. 솔직히 말하면 조금 외로웠습니다. 하지만 외로움은 늘 저에게 붙어 있는 것이니까요.

저의 후각장애는 불규칙한 파도와 비슷합니다. 갑자기 향기가 느껴질 때도 있거든요.

어느 날 아오모리에서 사과가 한 상자 왔습니다. 그 상자를 연 순간, 사과 향기가 느껴졌습니다.

그 순간의 놀라움.

"사과 향기야!" 하고 소리치고 싶었던 흥분.

냄새를 맡는다는 것, 그 기쁨.

'맞아, 사과에서는 이런 향기가 났지! 이렇게 좋은 향이었구나. 냄새를 맡는 건 이토록 행복한 일이었어…'

저는 홀로 가슴이 벅차올랐습니다.

진짜? 가짜?

어느 쪽이든 상관없어!

저는 한때 자주 환후幻嗅[3]를 겪었습니다. 제 후각장애를 깨닫게 된 즈음이었지요. 대부분 썩은 생선 냄새 같은 강렬한 악취였습니다.

어느 날 전철을 탔는데, 운동부 연습을 마치고 귀가하는 듯한 중학생 남자아이가 옆자리에 앉았습니다. 그 아이의 땀 냄새가 너무 강해서 '이 아이, 대체 체육복을 얼마나 안 빤 거야!' 하고 생각했습니다. 자리를 옮기고 싶어도 빈자리가 없어서 저는 속이 거북했지만 필사적으로 참았습니다.

저 멀리 빈자리가 나자마자 종종걸음으로 자리를 옮겼습니다. '아, 겨우 벗어났다.' 하고 안도한 것도 잠시, 중학생에게 나던 것과 똑같은 악취가 옆자리 양복 차림 남성에게서도 났습니다. 그제야 비로소 환후라는 걸 깨달았지만 그 가짜 냄새는 사라지지 않았지요.

그 뒤에도 비슷한 일을 몇 번 겪었습니다. 그럴 때는 항상 지니고 다니던 아로마 오일을 손수건에 묻혀서 코에 댔습니다. 그러면 오일의 향기로 강렬한 악취를 견딜 수 있었지요.

---

3   실제로는 없는 냄새를 맡는 환각 현상.

갑자기 냄새를 맡게 되면 사과 향기에 흥분했을 때처럼 무척 놀라는 동시에 기쁩니다. 하지만 '이건 환후일까? 아니면 진짜 냄새일까?' 하고 의문을 품기도 하지요.

커피숍에 들어가자마자 커피 향이 느껴질 때, 눈앞의 잔에 담긴 와인에서 향기가 퍼질 때도 이건 진짜일까 가짜일까 진지하게 고민하는 것입니다.

어째서 제 후각에 기복이 있는지는 모릅니다. 여러 의사에게 물어보았지만 "알 수 없다."라는 답을 들었을 뿐입니다.

사실 진짜 냄새든 환후든, 어느 쪽이든 상관없습니다.

냄새가 존재하는 세계란 저에게 무척 사치스럽고 아름답고 행복으로 가득한 곳입니다. 진짜든 가짜든 향기를 느꼈을 때, 저는 마치 연인에게 안긴 듯 황홀에 빠집니다.

먼 눈 도   밤 눈 도
모 두 뇌 에   달 렸 다

매년 돌아오는 금목서의 계절. 초가을에 피는 금목서의 꽃을 코가 아니라 눈으로 발견할 때마다 가벼운 충격과 쓸쓸함을 느낍니다. 몇 년이 지나도 똑같습니다.

인지저하증과 후각장애의 관련성은 알려져 있지만, 오감 전체에 문제가 일어난다는 것은 의료인들도 잘 모릅니다. 저는 취재 요청을 종종 받는데, 환시 이야기에 주어진 시간을 다 써서 오감의 문제에 대해 말할 기회가 없었습니다.

오감의 문제는 갑자기 나타나거나 사라지는데, 저를 항상 힘들게 한 것은 바로 '밝기의 변화'입니다.

자율신경장애가 있으면 동공이 잘 조절되지 않는다는 설명을 읽은 적 있습니다. 어두운 방에서 영화를 보다 조명을 켰을 때나 깊은 밤 편의점에 들어갔을 때, 빛이 눈부터 뇌까지 찌르는 듯이 느껴집니다. 두통과는 다르지만 고문 같기는 마찬가지이지요. 병에 걸리기 전에는 한 번도 경험한 적 없는 고통입니다.

밝은 편의점에서 눈을 가린 채 도망치듯 움직이는 저를 경찰이 보면 아마 불러 세울 것입니다. 빛이 뇌를 찌를 때마다 한밤중에도 챙이 넓은 모자를 써야겠다든가 선글라스를 가지고 다닐 걸 그랬다든가 하며 심각하게 후회합니다. 일상생활에서 갑자기 밝아지는 상황은 좀처럼 일어나지 않기에 자꾸만 방심했다가 괴로운 일을 당하곤 합니다.

영화 탓에
아픈 날

영화관에서 미야자키 하야오 감독의 장편 애니메이션 『바람이 분다』를 보았을 때의 일입니다.

어둠 속에서 빛이 나는 장면을 보고 "꺄!" 소리를 지르는 바람에 주변의 빈축을 샀습니다. 눈은 찌부러질 것 같고 뇌까지 충격을 받은 데다 부끄러움에 죄송함에 한심함까지, 도저히 영화를 볼 수가 없었지요. '나는 좋아하는 영화도 못 보는 건가. 내 행동반경은 계속 좁아지기만 할까.' 이렇게 생각하니 눈물이 났습니다. 다행히 주위 관객들도 모두 영화를 보며 우는 덕에 자연스레 묻히긴 했지요.

그 일을 겪은 뒤로 영화관에 가는 게 망설여집니다. 텔레비전에서는 뇌전증 환자의 발작을 예방하기 위해 빛이 반짝이는 장면 전에 경고를 내보내는데, 영화관에서도 갑자기 밝아지는 장면 전에 경고를 해주면 좋겠다는 생각을 해봅니다. 백내장에 걸린 분들도 눈부심을 심하게 겪는다고 들었는데, 이런저런 병과 장애로 밝기 변화에 적응하지 못하는 사람이 적지 않으리라 생각합니다.

밤에 켜는 조명이 눈부셔서 저희 집은 유럽이나 미국처럼 약간 어둡게 지냅니다. 텔레비전도 빛이 눈을 찌르는 듯해서 밤에는 선글라스를 끼고 보았는데, 요즘은 거의 보지 않습니다.

자동차 조수석에 앉을 때, 특히 밤에는 선글라스가 필수품입니다. 자동차의 전조등이나 신호등에 달린 LED 빛은 레이저 광선 같거든요. 바로 앞차의 후미등도 똑바로 볼 수 없어서 눈을 감고 있을 수밖에 없습니다.

눈부심을 비롯한 눈의 문제는 심신의 피로와 스트레스 때문에 단숨에 악화되기도 합니다. (스트레스는 자율신경에 작용해 동공을 커지게 한다고 합니다.) 청각, 미각, 촉각 등 오감의 문제도 마찬가지이지요.

하루의 피로가 쌓여 오감의 문제나 컨디션 난조가 일어나기 쉬운 밤에는 거의 외출하지 않습니다. 병에 걸리기 전에는 시끌벅적한 모임을 그토록 좋아했건만 지금은 그 역시 뇌에 악영향을 미치게 되었지요.

오감의 문제는 '목숨이 걸린 일은 아니다.'라는 이유로 의사도 그리 신경 쓰지 않습니다. 하지만 다른 사람과 즐겁게 교류할 기회가 제한되기 때문에 QOL(quality of life, 삶의 질)에 끼치는 영향은 상상 이상으로 큽니다. '삶의 질'뿐 아니라 '인생의 질'을 뒤흔드는 문제니까요.

글자가 보이지 않는 밤

컴퓨터 모니터는 밝기를 조절할 수 있기에 아슬아슬할 때까지 밝기를 낮춥니다. 그래도 밤에는 글자 읽기가 어렵습니다. 어두운 곳에서 시력이 떨어지는 증상까지 있거든요. 그래서 밤에 모니터를 보고 있으면 얼마 지나지 않아 글자가 희미하게 사라집니다. 특히 파란색이 잘 보이지 않는데, 낮에는 잘 읽었던 파란색 글자가 밤이 되자 안 보이는 게 신기했습니다.

파란색을 보지 못하는 것도 어두운 곳에서 시력이 저하되는 것과 마찬가지로 레비소체 인지저하증 특유의 증상이라고 의사가 알려주었을 때는 깜짝 놀랐습니다. '눈까지 망가지는 건가.' 하는 생각에 소름이 돋았지요. 나중에 사람이 노화하면서 가장 먼저 잘 보지 못하게 되는 색이 파랑이라는 사실을 알고 또 놀랐습니다. 대단한 일이 아니었던 것입니다. 제 눈이 나이 들었을 뿐이었지요. 레비소체(레비소체병의 원인이라 여겨지는 단백질 덩어리)는 최신 비밀 병기와 복잡한 작전으로 제 눈을 파괴했던 것이 아닙니다. 그저 제 눈을 할머니의 눈으로 만들었던 것입니다.

그런 사실을 안 뒤로 저는 '눈에 장애가 있다'고 생각하지 않게 되었습니다. 그냥 80대, 90대의 눈을 앞서서 체험한다고 여기게 되었지요. 좀 어둑어둑한 레스토랑에서 메뉴를 전혀 읽지 못하는 저를 이상하다는 듯이 내려다보는 젊은 남성 웨이터도 앞으로 4, 50년이 지나면 저와 똑같은 일을 겪을 것입니다.

그렇습니다. 고령자가 사회의 다수를 차지할 가까운 미래에는 가게 조명, 도로의 가로등, 계단, 대중교통의 노약자석, 터미널의 무인발권기, ATM 등이 전부 고령자에 맞춘 사양으로 바뀔 것입니다. 그러면 앞으로 병에 걸릴 사람들은 모두 그 덕을 보겠지요.

사 로 잡 힌 귀

저는 이런저런 환각을 겪고 있습니다. 오랫동안 저를 괴롭히고 힘들게 했던 것은 환시입니다. 시각 문제에 비하면 청각 때문에 괴로웠던 기억은 그다지 없습니다. 다만 길거리에서 느닷없이 소리가 닥쳐들면 꽤 괴롭습니다. 갑자기 한 대 얻어맞았을 때 느끼는 통증과도 비슷하지요. 그나마 소리는 환시처럼 사라진 뒤에도 계속 마음을 무겁게 짓누르지는 않습니다. '쿵!' 하고 닥치면 '꺄!' 하고 끝이지요.

음악이나 소리를 듣는 환청은 지금도 겪는데, 환시처럼 리얼하다고 해서 위협적으로 느끼지는 않습니다. 소리가 나는 불가사의한 돌을 발견하면 외려 보물을 찾아냈다고 기뻐할 것 같습니다. 하지만 만약 그 돌에서 사람 목소리가 나거나 사람 얼굴이 보인다면 하얗게 질리겠지요.

사람은 다른 무엇보다 '사람 같지만 사람은 아닌 무언가'를 본능적으로 두려워하는 듯합니다.

노인성

난청?

환시는 30대가 끝날 무렵부터 시작되었습니다. 청각의 이상도 40대 초반에 느꼈지요. 레비소체 인지저하증 진단을 받은 것보다 10년 정도 앞선 일입니다. 시끌벅적한 송년회 술자리에서 눈앞에 있는 사람이 저에게 말하는 소리를 전혀 듣지 못한 적이 몇 번 있었습니다. 저도 깜짝 놀랐지만, 상대방은 더더욱 당황하며 분위기가 어색해지곤 했지요.

집에서도 설거지를 하는 등 소리가 날 때는 가족이 하는 말을 제대로 못 들어 되묻는 경우가 많았는데, 가족들이 이상하다고 해서 검사를 받기로 했습니다. 머릿속에는 노인성 난청이 일찍 찾아온 친척이 스쳐 지나갔지요.

청각 검사 결과는 "좌우 청력에 약간 차이가 있지만, 일상생활에 지장이 있을 정도는 아니다."였습니다. 실제로 청각 검사실처럼 조용한 환경이라면 일상에서도 문제는 없었지요.

그렇다면 어떡해야 이 문제가 해결될까 안절부절못했던 것이 기억납니다. 인간관계의 핵심인 대화에 아무리 사소할지라도 지장이 생기면, 스트레스를 받고 고독해진다는 걸 그때 깨달았습니다.

인지저하증 진단 전에는 이런 일도 있었습니다.

본가에서 아버지와 대화할 때였습니다. 밖에서 폐품 수거차가 음악을 내보내면서 천천히 지나갔습니다. 참 시끄럽다고 생각한 순간, 뇌가 그 음악에 사로잡혀버렸습니다. 굶주린 개 앞에 뼈다귀를 툭 던지면 어떤 명령도 듣지 않고 뼈에 돌진하듯이, 제 뇌는 제 의지를 무시한 채 수거차의 느릿하고 태평한 음악에 집착했습니다. 그만하고 싶었지만 그만할 수 없었습니다. 제 사고는 일시 정지되었고 대화가 불가능해졌습니다.

어리둥절한 아버지에게 뭔가 말해야 한다고 생각했지만, 머릿속이 음악으로 꽉 차서 아무런 말도 나오지 않았습니다. 저 스스로도 무슨 영문인지 이해하지 못했는데, 수거차가 멀어지자 아무 일도 없었다는 듯이 원래대로 돌아왔습니다.

실패를 인정하지 않는 이유

당시 저는 뇌가 정보 선택에 실패하는 것을 뜻하는 '주의장해注意障害'[4]라는 용어를 몰랐습니다. 수많은 소리 중 필요한 것을 올바르게 골라내는 작업을 제 뇌가 해내지 못했던 것이라고, 제 병을 알게 된 다음에야 이해했지요.

의학서를 보면 "레비소체 인지저하증은 기억력보다 주의력에서 장애가 눈에 띈다."고 쓰여 있습니다. 단, 그 때문에 일상생활에서 얼마나 해괴한 현상이 일어나는지는 설명하지 않습니다. 직접 체험하는 당사자조차 구체적으로 파악할 수 없는 탓에 '이번에 실수한 건 주의장해 때문이야.'라고 알아채지 못합니다. 자기 자신의 일인데 '뭔가 이상해.' '이상한 일이 자꾸 있네.' 하고 남 일처럼 치부하는 시기를 저도 10년 가까이 겪었습니다.

그러는 사이에 무슨 영문인지 알 수 없는 일들이 종종 일어났습니다. 청각에만 국한된 것도 아니었지요. 그럴 때에는 옛이야기의 '여우에 홀렸다'는 말이 가장 와닿습니다. 제 생각과 감정을 무시한 채 제 몸이 멋대로 실수를 저질렀으니까요.

인지저하증 환자는 본인의 실수를 절대로 인정하지 않는다고 이야기하곤 하지요. 자신에게 문제나 책임이 있다고 생각하지 않는 그 기분, 저도 잘 압니다. 내 의지로 그런 것이 아니거든요.

---

4   고차뇌기능장해 중 하나로 집중력이 저하되어 일이나 공부를 오래하지 못하거나 동시에 두 가지 일을 하지 못하는 등의 증상을 보인다. 저자가 겪은 것은 관계없는 자극에 주의를 빼앗겨버리는 '선택성 주의장해'에 해당한다.

피곤하거나 뇌의 상태가 좋지 않으면 소리에 과민해지기 쉬운데, 시간이 갈수록 그런 일이 잦아졌습니다. 최근에도 볼일이 있어 외출했다가 가까운 전철역의 플랫폼에서 안내방송이 귀를 찌르는 것 같다고 느낀 적이 있습니다. 그러면 오늘은 뇌의 컨디션이 나쁘구나 자각합니다. (이명은 매일 겪기 때문에 컨디션 난조로 치지 않습니다.) 그런 날은 일을 최소한으로 줄이고 서둘러 집에 돌아갑니다. 뇌의 상태가 나쁠 때 피로까지 겹치면 꽤 힘들기 때문입니다.

집에서 나갈 때 컨디션이 좋아도 안심할 수는 없습니다. 오랫동안 하는 심포지엄도 친구들과의 모임도, 대체로 도중에 그만두고 귀가합니다. 마지막까지 함께하지 못해서 매번 아쉽지만, 스스로 집에 돌아가려면 힘을 남겨두어야 합니다.

그리고 주의장해의 일종인지 모르겠는데, 뇌의 컨디션 난조나 피로가 느껴지지 않는데도 소리가 크게 들릴 때가 있습니다.

집에 혼자 있던 날의 일입니다. 갑자기 낯선 소리가 들려서 대체 무슨 소리인지 들리는 곳을 찾아 헤매다 벽시계 아래에 다다랐습니다. 설마 아니겠지 생각하며 벽에서 시계를 떼어

귀를 대었더니, 낯선 소리가 분명히 들렸습니다. 평소에는 존재조차 깨닫지 못하는 초침 소리였지요.

그 정도 청력이면 옆집 사람들의 말소리부터 온갖 소리를 들을 것 같지만, 어째서인지 한 가지 소리만 갑자기 크게 들립니다. 다만 소리가 나는 곳을 알게 되면 더 이상 신경 쓰이지 않기에 계속해서 시끄럽지는 않습니다.

외출했다 들어간 가게에서 에어컨 소리가 요란하게 울린 적도 있습니다. 고장 나서 이상한 소리가 나는 건가 싶었지만, 주위 사람들이 태연하기에 제가 잘못 듣고 있다는 걸 깨달았지요.

'뇌의 문제'는
병의 경계를 뛰어넘는다

NHK의 발달장애 캠페인[5]과 인터넷에 있는 '발달장애 체험 VR 영상'[6] 등으로 지각의 과민성에 대해 접할 기회가 늘어났

5   NHK는 2018년부터 발달장애에 대해 널리 알리고 발달장애 당사자들에게 무엇이 필요한지 알아보기 위해 다양한 프로그램을 제작하고 있다.
6   발달장애 당사자 학생의 학교생활을 체험할 수 있는 VR 영상이다. https://youtu.be/6MW04Kfi9oQ (QR코드 참고)

습니다. 발달장애 당사자들의 체험을 재현한 영상을 보니 제가 컨디션이 나빠서 감각이 과민해졌을 때 겪는 일과 비슷하더군요. 그런 일이 항상 일어난다니 발달장애 당사자들이 외출을 무서워할 만합니다.

수없이 겪는 이상한 일이지만 제가 대수롭지 않게 여기는 것이 있는데, 우연히 그 현상이 심각한 병증이라는 사실을 알게 되었습니다. 바로 실제 소리가 나는 곳과 소리가 들리는 방향이 어긋나는 현상입니다.

예컨대 눈앞에 있는 스마트폰의 벨소리가 등 뒤에서 들립니다. 텔레비전을 보는데 소리가 오른쪽 부엌에서 들리기도 합니다. 텔레비전에서 말하는 사람의 입 모양과 들리는 소리가 어긋나는 일은 예전부터 겪었지요. 저는 이미 '희한한 일'에 이골이 난 사람입니다. 그래서 뇌가 소리에 대한 정보 처리에 실수하면 이런 일도 일어나는구나 생각했을 뿐 전혀 신경 쓰지 않았습니다.

칼럼니스트 오다지마 다카시의 『딱 한 잔만 더 하고 갈까요』[7]에는 알코올 의존증이던 저자가 자신의 병을 처음 자각하고 병원에 달려간 계기가 쓰여 있습니다. '텔레비전에 나오는 사람의 목소리가 시간차를 두고 뒤에서 한 번 더 들리는 증

---

7   최정주 옮김, 해피북스투유 2019.

상'이 나타났기 때문이라고요. 제 증상이 알코올 의존증과도 비슷해서 좀 놀랐습니다. 하지만 생각해보면 원인이 뭐든 뇌가 다쳐서 나타나는 증상이니 비슷한 게 이상하진 않습니다.

제가 겪은 수많은 증상들은 인지저하증에 대한 책을 읽어도 이해할 수 없었습니다. 오히려 고차뇌기능장해나 발달장애 당사자들이 자신의 병에 대해 쓴 책을 읽으니 공통점이 차례차례 눈에 띄면서 제 증상들이 하나하나 납득되었지요.

자신의 병에 주의를 기울여서 이해하면, 일상에서 체험하는 증상들에 어떻게 대처해야 할지도 보이기 시작합니다. 전과 다른 내 몸을 관찰하여 이것저것 시험하다 보면, 처음 외발자전거를 탔던 때처럼 실패를 거듭하면서도 점점 능숙해집니다. 비틀비틀해도 괜찮습니다. 앞으로 나아가니까요.

오 감 이 라 는
메   시   지

어렸을 적에는 자연 속에서 성장했습니다.

매일 곤충을 맨손으로 잡았고, 저녁놀을 넋 놓고 바라보았지요. 계절이 바뀌는 걸 냄새로 느꼈습니다. 어느 날에는 하늘에 커다란 무지개가 걸렸는데, 저는 지면에서 솟아나는 일곱 빛깔 기둥의 뿌리를 보고 싶어서 무지개의 끝을 향해 있는 힘껏 달려가기도 했습니다.

무지개는 왜 점점 옅어지다 사라질까, 달은 왜 나를 쫓아올까, 시냇물은 왜 저렇게 흘러가며 반짝반짝 빛날까….

작디작은 저의 세계 곳곳에는 수많은 수수께끼가 숨어 있었습니다.

그때 느낀 빛과 소리와 냄새는 더 이상 되살아나지 않겠지만, 그 기억은 지금도 저를 행복하게 합니다.

오감은 머릿속 사고와는 전혀 다른 차원의 벅찬 기쁨을 전해주었습니다. 하지만 그 감각들이 고장 나기 시작하면서 저는 오감 역시 뇌 활동이라는 사실을 실감했습니다.

겨우 온천에
몸을 담갔지만…

어느 해의 황금연휴 직후에 6,000자 분량의 원고 마감이 있었습니다. 뇌가 피곤한 탓에 이상한 두통을 느끼면서도 매일 쉬지 않고 써서 마감 기한을 넘기지 않았습니다.

원고를 보낸 다음, 마치 염증이 생겨 부은 듯한 뇌에 휴식을 주기 위해 온천으로 향했습니다.

강연 등으로 뇌를 최대한 가동하면 일어나는 두통도, 전신을 휘감는 듯한 피로감도, 온천에 몸을 담그면 낫는다는 사실을 발견했기 때문입니다. 오랫동안 저를 덮쳤던 갑작스러운 피로감의 원인이 근육이 아니라 뇌라는 것이 실감 났습니다. 뇌혈류를 원활하게 하면 잿빛 먹구름으로 뒤덮인 듯하던 몸도 머리도 단숨에 맑아지며 다시 쾌적하게 움직였습니다.

그날도 마감 뒤에 머리가 돌아가지 않는 저를 맞아준 것은 널찍한 노천탕. 머리 위로 5월의 쾌청한 하늘. 그런데 탕에 몸을 담가도 평소 같은 "아…" 하는 탄성이 나오지 않았습니다.

'뭐야, 이거.'

전혀 기분 좋지 않았습니다.

'수질에 문제가 있나?'

후각장애 때문에 냄새를 맡진 못했지만, 불현듯 탕에 석회나 화학약품을 대량으로 풀었나 의심이 들었습니다. 바로 주위를 둘러보았는데, 모두들 느긋하게 온천을 즐기고 있더군요. 똑같은 탕에서 저 혼자 식은땀에 푹 젖은 잠옷을 입은 듯한 불쾌감을 느꼈습니다.

물 온도에 적응하면 달라지려나 싶어서 한동안 탕 속에 있었지만, 외려 몸에 부담만 느껴져서 결국 물 밖으로 나왔습니다. 한동안 사기를 당한 기분이었는데, 온천물이 아니라 제 뇌때문이었겠지요.

인지저하증에 걸리면
목욕을 싫어하는 이유

목욕이 기분 나빴던 적은 예전에도 한 번 있었습니다.

어느 겨울날, 집에서 욕조에 몸을 담갔는데 한기가 들었습니다. 바로 앞서 목욕을 한 가족은 발그레한 얼굴로 욕실에서 나왔고, 온수 조절기를 봐도 목욕물 온도는 41도였는데 말이지요.

'이상해.'

저는 욕조에 앉으면 마땅히 느껴져야 할 온기를 느껴보려 했습니다. 하지만 불쾌한 한기만 느껴졌고, 결국 덜덜 떨며 욕실에서 나갔습니다. 인지저하증 진단을 받기 전이라 원인을 몰랐는데, 심한 불안감이 들었었지요.

레비소체 인지저하증 진단을 받았던 50세를 전후로 5년 동안 저는 냉한 체질 때문에 고민이 많았습니다. 겨울에는 옷을 몇 겹씩 껴입어도 여기저기에 핫팩을 붙여도 항상 추워서 힘들었습니다. 8월에 불꽃놀이를 보러 갔다 "바람이 차다."며 혼자 먼저 돌아가기도 했고요. 냉방을 하지 않아도 밤중에 손발이 차서 잠을 설쳤고, 여름이면 전철이든 고속열차든 카페든 추위를 참을 수 없어서 방한용 옷을 몇 벌씩 들고 다녔지요.

그때는 분명히 체온이 낮고 몸속도 항상 찼는데, 치료와 노력 끝에 개선된 지금 와서 돌이켜보면 감각(뇌)의 문제였던 것 같습니다.

"인지저하증에 걸리면 목욕을 싫어한다." 이런 말을 종종 듣습니다. 그 이유 중 하나는 감각의 이상일지도 모릅니다. '적정 온도니까 추울 리 없어. 목욕하면 기분 좋다고.' 하는 건 건강한 사람의 생각일 뿐입니다. 아픈 사람의 뇌리에 한번 목욕이 '불쾌하고 힘든 체험'으로 박히면, 그 뒤로 목욕에 거부감

을 품는 게 이상하지 않습니다. 굴을 먹고 배탈 났던 사람이
다시는 굴을 먹지 못하는 것처럼요.

눈도 귀도 코도 아닌,
'뇌'의 오작동

저는 다양한 감각의 문제를 직접 경험했습니다. 미각이 사
라지거나, 맛이 변하거나, 소리가 나는 곳을 모르거나, 소리가
크게 들리거나, 실제로 없는 고통과 열을 느끼거나, 일어나지
않은 지진을 느끼거나, 이불 속에 누워 있는데 바닥이 기울어
진 것 같거나….

제 병에 대해 알기 전에는 눈이 이상하면 눈에, 귀가 이상
하면 귀에 문제가 있다고 생각했습니다. 지금은 아무리 신기
한 일이 일어나도 뇌에서 비롯되었다고 생각하고, 불안해하지
않습니다. '원인 불명'은 불안의 씨앗이지만, 원인을 알기만 하
면 침착할 수 있습니다.

그간의 체험을 통해 뇌를 좀먹는 최대의 적은 스트레스라
는 걸 뼈저리게 깨달았습니다. 그래서 요즘은 '스트레스의 원
인에서 도망치자.'라는 기조로 대응하고 있습니다. 다른 사람
이 어떻게 생각하든 무어라 말하든, 제 몸(뇌)을 우선하는 것

입니다. 병에 걸리기 전에는 도저히 그렇게 하지 못했지요.

"당신은 선택받은 환자야." 이런 말을 들은 적이 있습니다. 그 말에 상처를 입지는 않지만, 기쁘게 여긴 적도 없습니다. 다만 '병에 걸리지 않았다면, 전과 똑같았을 것이다.'라는 사실과 그 의미를 지금도 계속 생각하고 있습니다.

이소룡이 주연한 영화 「용쟁호투」에는 "생각하지 마. 느껴." 라는 유명한 대사가 등장합니다. 오감은 자신의 사고력으로는 알 수 없는 뇌(나아가 전신)의 이상을 무엇보다 빨리 알려줍니다. 우리는 오감이 알려주는 것을 느껴서 그에 대응해야 합니다. 자신이나 가족이나 동료나 사회가 병들기 전에요.

보 이 지   않 는
독 이   다 가 온 다

인지저하증 때문에 서서히 생겨난 과민성은 약물, 빛, 소리에 한정되지 않았습니다.

식당이나 카페에 있다 보면 이따금 느닷없이 욱신거리며 두통이 일거나 속이 메스꺼워집니다. 냄새는 맡지 못하지만, 담배 연기가 원인이라는 걸 지금은 바로 알아차립니다. 주위를 둘러보면 한 줄기 연기가 눈에 들어오거든요. 멀리서 풍기는 담배 연기에도 그 정도인데, 하얀 연기로 가득한 흡연실은 저에게 가스실이나 마찬가지입니다.[8]

---

8 일본은 카페나 음식점에 흡연실이 설치된 경우가 있다.

건축재에 세제에

입욕제까지

후각이 저하되면 생물이 지닌 방어 본능이 제 역할을 하지 못해 종종 위험한 상황에 처합니다.

새로 개업한 슈퍼에 들어갔다가 이상한 기분을 느낀 적이 있습니다. 가게 안으로 들어갈수록 속이 나빠졌는데, 머리가 아픈 동시에 숨 쉬기도 힘들어져서 허둥지둥 밖으로 뛰쳐나왔습니다. 새 건물의 건축재에 포함된 유해한 화학물질 탓일까 생각했지만, 그때껏 없었던 일인 데다 아무 냄새도 맡지 못해서 깜짝 놀랐습니다.

피곤해서 연말마다 하던 대청소를 생략하고 처음으로 부엌 환기팬 청소를 전문업체에 의뢰했을 때도 비슷한 일을 겪었습니다. 청소부는 서랍처럼 생긴 통에 대량의 약품을 붓더니 기름때가 잔뜩 낀 환기팬과 덮개를 통에 담갔습니다. 처음 보는 도구와 청소법이 재미있어서 가까이 다가가 관찰했는데, 갑자기 심한 두통과 욕지기가 일어났습니다.

자동차의 배기가스, 아주 소량으로도 세탁할 수 있다는 고농도 세제, 연로한 부모님이 깜박하고 입욕제를 너무 많이 넣은 목욕물. 이런 것들 때문에도 갑자기 상태가 나빠졌습니다. 무서운 점은 두통이나 욕지기가 들기 전에는 독성을 눈치채지 못한다는 것입니다. 후각이 민감했던 예전이었다면, 희미한 냄새에서도 위험성을 알아채고 당장 그 자리에서 벗어나 스스로를 지켰겠지요.

냄새를 맡지 못하면, 부엌에서 무언가 새까맣게 타고 냉장고 속에서 무언가 썩어가도 알지 못합니다. 음식이 상한 것도 입에 넣기 전에는 알 수 없고요. 지금의 저는 야생동물로 치면 생존 능력이 현저히 떨어진 상태나 다름없다는 걸 뼈저리게 느낍니다.

만원 전철을
못 타는 이유

인지저하증 진단을 전후해서 만원 전철을 타면 몸 상태가 나빠지기 시작했고, 러시아워에는 전철을 탈 수 없게 되었습니다. 그렇다고 해도 수도권에서 이동하며 혼잡한 전철을 전부 피할 수는 없는 노릇입니다. 예전에는 사람 많은 전철도 잘 참았는데 해마다 힘들어지는 것 같습니다.

사람이 많은 전철은 타는 순간 공기의 감촉이 다르게 느껴집니다. 무엇 때문에 다른지는 모릅니다. 수십 분을 타고 있으면 점점 호흡이 가빠지면서 얼른 내리고 싶어지지요.

항상 그러지는 않지만, 머리가 아프거나 속이 메스꺼워지기도 합니다. 커다란 역에서 전철 문이 열리고 다른 승객들과 함께 우르르 내릴 때면 잠수했다가 수면으로 고개를 확 내밀 때처럼 '살았다!' 하는 느낌이 들기도 합니다.

전철에서 느끼는 답답함의 정체가 대체 무엇일까 궁금했습니다. 그러던 와중에 화학물질에 과민한 친구가 말했습니다. "전철에 탄 사람의 섬유유연제 냄새 때문에도 속이 나빠져."

많은 사람들이 섬유유연제, 제한제,[9] 헤어스프레이 등 화학물질을 몸에 두르고 전철에 타는데, 친구는 그 냄새와 자극이 너무 강한 탓에 전철에 탈 수 없다고 했습니다. 좋은 향을 풍기려고 사용하기도 하는 섬유유연제 때문에 전철을 타지 못하는 사람이 있다니, 저는 전혀 몰랐습니다. 그리고 제가 느끼는 답답함은 자율신경 문제로 갑자기 저하되는 혈압 때문이 아니라 화학물질 때문일지도 모른다는 생각이 들었지요.

뭐든지 독으로 만들어버리는 이 병의 마수는, 젊은 시절부터 좋아해서 일상적으로 즐기던 술에도 미쳤습니다. 맥주 한 모금에도 두통이 일어나는 바람에 진단을 받고 몇 년 동안은 술을 끊었습니다.

어느 날 맛있게 술을 즐기는 사람들을 보았는데, 마시지 못

---

9   땀이 많이 나는 것을 억제하거나 방지하는 약.

하게 된 저 자신에게 진저리가 났습니다.

'전에는 나도 저렇게 술을 즐겼는데… 앞으로 술을 못 마신다니 너무 속상해…'

어느 날 큰맘 먹고 맥주를 꿀꺽 들이켰는데, 두통이 나지 않았습니다. 술 마신다고 하기엔 애매한 양이지만, 그 후 다시 술을 즐기게 되었지요. 그 일은 생각지도 못한 선물 같아서 춤추고 싶을 정도로 기뻤습니다.

마실 수 있는 양은 그때그때 달라서 맥주 반 컵이나 정종 두 잔에 머리가 아픈 날도 있습니다. 그 때문에 신중하게 홀짝홀짝 마십니다. 아무리 적은 양이라 해도 다른 사람과 맛있게 술을 마시며 즐길 수 있다는 것 자체로 행복합니다.

긴 양말과
하이넥

약해진 것은 술만이 아닙니다. 피부도 자극에 약해졌습니다. 나이를 먹었기 때문인지도 모르지만요.

속옷의 솔기가 닿는 부분에 빨갛게 피부염이 일어났습니다. 여름에는 양말목으로 조여졌던 발목에 피부염이 생겨서 깜짝 놀라기도 했지요. 속옷은 그나마 다른 선택지가 있지만, 양말은 선택지가 전혀 없습니다. 양말 안쪽에 거즈를 대거나 양말 목을 쭉쭉 잡아당겨서 탄성을 약하게 만드는 등 여름 내내 다양한 실험을 했습니다. 날이 시원해지면서 염증도 사라졌으니, 땀이 원인이었는지도 모르겠습니다.

"양말을 안 신으면 되잖아." 할 수 있지만, 늘 발이 차가운 저에게 양말은 필수품입니다. 여름철에 기온이 오를수록 건물과 전철 안은 너무 추워져서 양말 없이는 견딜 수 없습니다.

발목까지 덮는 양말을 신기에 하이힐은 전혀 신지 못하게 되었습니다. 발목이 드러나는 여성복(스커트, 짧은 바지 등)도 입지 못하지요. 이건 꽤나 큰 제약입니다.

목도 쉽게 차가워지는데, 목이 차면 컨디션까지 나빠져서 여름 외의 계절에는 하이넥을 입든지 목에 무언가 둘둘 감든지 양자택일할 수밖에 없습니다. 할머니처럼 기능성을 우선하며 유행과도 거리를 두고 늘 똑같은 값싼 옷만 입고 있습니다. 발목을 드러낸 멋진 옷을 입고 씩씩하게 걸어가는 여성을 보면, 좋아하는 옷을 맘껏 입을 수 있던 자유가 그립습니다.

제가 사람들 앞에서 이야기할 때 베레모를 써서인지 가끔 "멋쟁이시네요."라는 말을 듣는데, 그때마다 실제는 너무 달라서 몸 둘 바를 모르겠습니다.

계절, 날씨, 기온의 변화까지 신경 쓰다 보니 옷을 고르는 일이 해가 갈수록 번잡하고 성가실 뿐입니다.

우 리 집 에
정 령 이 있 다

그날도 저는 여느 날처럼 혼자 거실에 있었습니다. 다른 가족은 일터와 학교에 가고 없었지요.

갑자기, 저쪽 방에서 부스럭대는 소리가 들렸습니다. 깜짝 놀라서 방문을 바라보았는데, 문 너머에서 부산스럽게 서랍을 열거나 물건을 움직이는 소리가….

'누가 있어! 뭔가 찾고 있어!'

그런데 도둑이라면 옆방에 제가 있다는 걸 모를 리가 없습니다. 창문을 억지로 열어서 침입하는 소리는 전혀 들리지 않았고요. 방에서 큰 소리를 계속 내고 있는 것도 이상했지요. 혹시….

조심조심하며 문을 살짝 열어 방 안을 들여다보았습니다. 사람의 자취나 무언가를 뒤진 듯한 흔적은 없었고, 시끄러운 소리도 더 이상 나지 않았습니다. 제가 인지저하증 진단을 받을 무렵에 몇 차례 겪었던 환청입니다.

그보다 전에는 이런 일도 있었습니다.

점심 식사를 마치고 식탁에 혼자 앉아 있는데 제 바로 뒤를 누군가 스윽 지나갔습니다. 모습은 보지 못했으니 기척일 뿐이지만, 왠지 그런 것 같다는 애매한 느낌이 아니었습니다. 분명히 누군가 내 바로 뒤를 지나갔다고 단언할 수 있는 생생한 감각이었지요. 뛰어오르듯 의자에서 일어나 뒤를 돌아보았는데, 저 말고는 아무도 없었습니다. 저는 그 자리에 홀로 얼어붙었습니다.

진단을 받기 전이라 당시에는 제가 겪은 일이 레비소체 인지저하증의 증상 중 하나인 실체적 의식성[10]이라는 사실을 몰랐습니다. 두 가지 일 모두 일어났을 때 제 정신 상태에는 문제가 없었고 당시 자주 겪던 머리의 몽롱함도 없었습니다. 평범한 일상에서 갑자기 일어났던 것입니다.

---

10 '존재하지 않는 것의 기척'을 느끼는 증상으로 환각과는 좀 다르다. 이를테면 '뒤에 사람이 있는 것 같다.' '누군가 나를 보는 것 같다.' '눈앞을 누군가 지나친 것 같다.' 등이 해당한다. 독일의 철학자이자 정신병리학에도 업적을 남긴 카를 야스퍼스는 이런 증상을 '생생한 실체적 의식'(leibhaftige Bewußtheiten)이라 했으며, 일본에서는 '실체적 의식성(實體的 意識性)'이라고 한다.

'신'을 발견한 사람,
또는 이상한 사람

___

민속학자 야나기타 구니오柳田 國男의 『도노 이야기遠野物語』
(이와테현 도노 지역에서 구전되던 이야기를 엮은 설화집)에
서 자시키와라시座敷童子[11]에 대한 글을 읽는데 제 증상이 떠
올랐습니다.

오래된 집에는 '자시키와라시'라는 신이 살고 계시는 경우가
적지 않다. 이 신은 대체로 열두세 살쯤 된 어린아이다. 때때
로 사람에게 모습을 보이기도 한다. 쓰치부치무라오아자이
이데土淵村大字飯豊라는 곳에 이마부치 간주로今淵 勘十郎가
살고 있는데, 얼마 전 여자고등학교에 다니는 그 집 딸이 방
학을 맞아 돌아왔다. 어느 날 딸이 집에서 자시키와라시와
딱 마주쳐 깜짝 놀랐다. 그 모습은 틀림없이 남자아이였다고
한다. 같은 마을의 산어귀에 사는 사사키의 집에서는 여자
가 혼자 바느질을 하는데 옆방에서 종이가 바스락대는 소리
가 났다. 그 방은 남편의 방으로 그때는 남편이 도쿄로 출타

___

[11]　일본에서 집이나 창고에 있다고 하는 일종의 정령. 지역마다 생김새와 성별이 다
르지만 어린아이라는 공통점이 있다. 장난을 좋아하며 집안에 돈과 복을 가져다준다고
한다.

해 집에 없었기에 수상쩍게 여기며 널문을 열어서 보니 아무것도 없었다. 한동안 그 방에 앉아 있었는데, 이윽고 심하게 코를 쿵쿵대는 소리가 났다. 그리하여 자시키와라시가 틀림없다고 생각했다 한다. 이 집에 자시키와라시가 살고 계신다는 것은 한참 전부터 알고 있었다. 이 신이 깃든 집안은 무척 번영한다고 한다.

저는 이 글을 읽고는 "내가 겪은 일 같다."고 졸저 『내 뇌에서 일어난 일』에 적었습니다. 실제로 제 책이 나오고 얼마 뒤에는 『도노 이야기』의 자시키와라시에 대한 글을 분석해서 "레비소체 인지저하증과 유사한 점이 많다"고 결론을 내린 논문이 발표되었지요.[12]

환시·환청도 마찬가지이지만, 사람들이 자시키와라시의 짓이라고 하는 '베개 뒤집기'(모르는 사이에 침구가 널브러지는 것) 역시 레비소체 인지저하증의 전조로 종종 나타나는 '렘수면 행동장애'(꿈꾸면서 큰 소리로 이야기하거나 소리치거나 격렬히 움직이는 증상)일지 모른다고 논문에는 쓰여 있었습니다. 저도 겪었던 증상이지요.

12   駒ヶ嶺 朋子·国分 則人·平田 幸一, 「Lewy小体病における幻覚とザシキワラシとの類似点—民俗学史料への病跡学的分析の試み」『月刊神経内科』第84巻 5号, 2016.—지은이 주

자시키와라시와 제 증상이 비슷한 것에 놀라지는 않았습니다. 다만 자시키와라시가 '신'이라는 점이 신기했습니다. 자시키와라시는 집안에 부와 명성을 가져다주는 복의 신이라고 하지요. (자시키와라시가 떠나면 집안에 불행이 닥친다고도 하고요.)

왜 역병의 신이 아니라 복의 신이었을까요? 자시키와라시를 목격한 이들은 아픈 사람이었을 텐데 말이죠.

옛날에는 평균수명이 짧았던 만큼 병세가 나빠져 인지저하증 증세가 본격적으로 나타날 때까지 살지 못했던 것일까요? 그렇다고 자율신경장애 때문에 몸 상태가 나빠져 괴로워하는 것조차 겪지 않았을까요? 아니면 인지저하증 당사자에게 '이상한 사람'이라는 낙인을 찍는 오늘날과 달리 옛날에는 '복의 신을 목격한 자'로서 다들 반겨주고 존중해주었을까요?

그 덕에 인지저하증 당사자들이 좋은 정신 상태를 유지해서 병세가 악화되지 않은 걸까요?

스트레스가 쌓이면
동요가 들린다

환청은 집에 자시키와라시가 나타나기 전에도 가끔씩 겪었

습니다. 가장 자주 들린 것은 음악이었는데, 늘 같은 곡이었습니다. 바로 매일 저녁 5시 동네의 스피커에서 지지직거리며 흘러나오던 「저녁노을夕焼け小焼け」[13]입니다.

한번은 오후 3시 무렵에 이 노래가 들려서 왜 이런 시간에 방송이 나오나 의아해했습니다. 창을 열어 귀를 기울여보니 분명히 오후 5시에 흘러나오는 「저녁노을」이 밖에서 들렸지요. 그런 일이 반복되는 와중에 '암만 들어도 진짜 같지만, 이 시간에 나올 리 없으니 환청이겠지.'라고 생각하게 되었습니다.

「저녁노을」의 환청은 우울증이라 오진을 받았던 40대에도 몇 번인가 들었습니다. 당시에는 환청이라는 단어조차 떠올리지 못해서 "왜 음악이 들릴까요?"라고 주치의에게 질문했습니다. 주치의는 "음…." 하고 신음할 뿐 명확하게 답해주지 않았지요.

마감이 코앞에 닥쳐서 매일 심한 두통과 싸우며 원고를 쓴 적이 있는데, 오랜만에 「저녁노을」을 들었습니다. 그때는 처음으로 바깥이 아니라 내 머릿속에서 음악이 울린다는 느낌을 받았습니다. 환청과 더불어 날벌레의 환시 역시 간만에

---

13   「저녁노을」은 1923년 발표된 일본의 동요다. 일본의 많은 지자체에서는 방재 시설 점검을 위해 매일 오후 5시를 전후하여 거리 곳곳에 설치된 스피커로 이 노래를 흘려보낸다. 거리에서 놀던 아이들이 이 노래를 신호로 귀가하는 등 하루를 마무리하는 동요로 친숙하게 여겨진다.

눈앞을 날아다녔는데, 뇌의 극심한 피로와 스트레스가 환각을 불러일으키는 요인 중 하나라는 사실을 확인할 수 있었습니다.

사실 병에 걸리지 않았더라도 산속에서 조난되거나 가족과 사별하는 등 뇌에 강한 스트레스가 가해지면 누구든 환각(환시나 환청)을 겪지 않을까요?

완전하게 소리가 차단된 공간에 오랫동안 갇혀 있으면 많은 사람들이 환청을 듣는다고 의사에게서 들은 적이 있습니다. 뇌에 무無자극은 견디기 어려운 스트레스라서 자극을 원하는 뇌가 스스로 환상을 만들어낸다고 합니다.

잊을 수 없는 날

누구나 겪을 수 있다고 했지만, 사람들 대부분은 환각을 냉정하게 받아들이지 못합니다. 저 자신이 그랬고, 제 남편도 그랬습니다. 인지저하증 진단을 받고 얼마 지나지 않았던 날, 잊을 수 없는 일이 일어났습니다.

새벽녘에 아이가 먼저 일어나 부엌의 찬장과 냉장고 문을 열어보는 소리가 들렸습니다. 부엌 옆에 있는 침실에서 이불을 덮고 누워 있던 저는 큰 소리로 말했습니다.

"이따 아침 차려줄 테니까 기다려!"

"왜 그래?" 남편이 물었습니다.

"부엌에서 먹을 거 찾잖아."

"…아무도 없어."

"있잖아!"

제 말을 들은 남편의 표정이란….

당시 저는 환각을 두려워했습니다. 외출할 때면 다른 사람에게 들키지 않으려 바짝 긴장했지요. 환각 그 자체보다 환각을 보는 사람에게 향할 타인의 시선이 겁났던 것입니다. 남편조차 몰랐으면 좋겠다고 막무가내로 생각했습니다. 그날 남편의 눈을 보고 새삼 내가 '이상'하구나 자각했습니다. 슬픔과 비참함과 부끄러움으로 온몸이 부서지는 것 같았지요.

그렇지만 지금은 전혀 다릅니다.

"달칵달칵하는 소리 들려?" "저기에 사람 있어?" "이 벌레 보여?" 이제 집에서는 아무런 저항감 없이 물어봅니다. 남편 역시 "나도 들었어." 등으로 답해주지요. 대수롭지 않다고 여기면 정말로 아무렇지 않은 평범한 일이 되는 것입니다. 저는 더 이상 환각의 원인이 제 '정신'에 있다고 생각하지 않습니다. 나아가 환각이 '이상한 것'이라고도 생각하지 않습니다.

함께 재미있어 하면
좋겠어

"자시키와라시다! 복의 신이 우리 집에 와주셨어!" 하며 다 같이 기뻐하는 사회는 더 이상 없습니다. 여우에게 홀렸다는 말도 이제는 쓰지 않습니다. 다른 이에게 보이지 않는 것을 보고 들리지 않는 것을 들으면, '환자'로 여겨져 항정신병 약물이 처방됩니다. (참고로 레비소체병은 약물 부작용이 심할 수 있기에 각별히 주의해야 합니다.)

한번은 강연을 마치고 "히구치 씨, 당신은 병에 걸린 게 아녜요. 영감이 강할 뿐이에요!" 하는 말을 들었습니다. 그 말대로 누군가는 병에 걸리지 않았음에도 없는 것을 보거나 들을지도 모릅니다. 하지만 '영감'만으로는 제가 경험하는 수많은 증상을 설명하기 어렵습니다.

'정신적 문제가 있는 환자'로 불리는 건 물론 싫지만, '영감이 강한 사람'이라는 말에서도 강한 위화감이 듭니다. 그냥 '뇌가 종종 오작동하는 사람'이라고 생각하면서 대수롭지 않게 넘기거나, 아예 저와 함께 뇌의 불가사의함을 재미있어한다면 저는 무척 기쁠 것입니다.

환시는 환시라
눈치챌 수 없다

환시를 가상현실로
재현하기까지

가상현실 기술을 이용한 프로젝트 'VR인지증VR認知症'의 일환으로 저와 같은 병을 앓는 사람들의 환시를 1인칭으로 체험할 수 있게 해주는 VR 영상 '레비소체병 환시편レビー小体病 幻視編'이 만들어졌습니다. NHK를 비롯한 여러 언론에서 수차례 소개해주었지요.

일단 승낙은
했는데

이 프로젝트를 처음에 토대부터 닦은 이는 주식회사 실버우드[1]의 대표 시모가와라 다다미치下河原 忠道 씨입니다. 원래 아는 사이였던 시모가와라 씨는 저에게 환시를 체험할 수 있는 VR 영상의 시나리오를 써달라고 요청했습니다.

시모가와라 씨는 "자유롭게 써도 돼요."라고 했는데, 새로운 걸 좋아하는 저는 깊이 생각하지도 않고 덥석 승낙했습니다. 그때부터 저를 괴롭힌 것은 '레비소체 인지저하증 당사자'라는 주인공의 설정이었지요.

VR 영상에서는 체험자가 주인공이 되는 셈이니 영상에는 주인공이 등장하지 않습니다. 하지만 연령, 생활, 증상, 병세, 환시를 받아들이는 태도, 그리고 본인의 병을 어떻게 느끼는지까지 설정하지 않으면 시나리오를 쓸 수 없었습니다.

결국 인지저하증이 진행된 고령자가 아니라 진단 전의 저를 주인공의 모델로 삼았습니다.

자율신경장애 때문에 컨디션이 매우 나쁩니다. 매일 실수를 연발해서 정신적으로도 궁지에 몰려 있지요. 언제 어디서 나타날지 모르는 환시에 벌벌 떨지만 아무에게도 말하지 못합니다. 바로 50세 무렵의 저입니다. (진단 뒤에 약물 치료를 받으며 환시는 눈에 띄게 줄어들었습니다. 환시를 받아들이는 저의 태도도 변했기에 공포스러웠던 시간은 여러분이 생각하는 만큼 길지 않았습니다.)

---

1   실버우드는 본래 철강회사였으나 사업 영역을 확장해 고령자를 위한 주택과 시설 운영을 비롯해 VR 콘텐츠를 활용한 연수와 인재 육성을 하고 있다.

다양한 유형의
환시

체험자가 원하는 대로 자유롭게 볼 수 있는 VR의 특성을 최대한 살리기 위해서 보물찾기 느낌으로 환시를 여기저기에 잔뜩 뿌려두었습니다.

저는 여러 환시를 차례차례 본 적이 없습니다. 시간을 두고 환시가 여러 번 나타난 날은 있었지만, 그런 날에도 제 눈에는 늘 한 번에 하나만 보였지요. 하지만 인지저하증 당사자를 돌보는 가족들 중 몇몇 분에게서 "어린애에 어른에 새에 고양이까지 온갖 환시가 방 안에 한참 있다고 한다." 같은 말을 들었습니다. 고봉밥처럼 영상을 환시로 가득 채우며 증세가 좀 더 진행된 분을 연상했습니다.

5분짜리 영상에 병과 관련한 중요한 정보를 담기 위해 고심했습니다. 커다란 잠꼬대나 어지럼증 등 그다지 알려지지 않은 증상이 다양하게 있다, 우울증 등 다른 병으로 오진되는 경우가 적지 않다, 약물에 과민해져서 부작용이 잘 나타난다, 적절한 치료와 돌봄을 받으면 크게 개선될 가능성이 있다. 이런 정보를 일상적인 대화 속에 있는 힘껏 채워 넣었습니다.

시나리오를 읽은 시모가와라 씨는 의표를 찌르는 주문을 했습니다.

"주인공이 인간적으로 매력 있는 사람이면 좋겠다."

혁신적인 사람이 내놓은 착안점에 감탄했습니다. 그래서 주인공이 함께 일하는 동료들에게 강한 신뢰를 받는다는 설정과 더불어 계단에서 떨어지는 파킨슨병 여성(이 여성은 나중에 레비소체 인지저하증으로 진단이 바뀐다고 설정했습니다)을 주인공이 달려가서 받아내는 에피소드 등을 추가했습니다.

그런데 영상을 완성하고 뚜껑을 열어보니 VR 체험자는 처음 보는 환시에 신경이 쏠려서 대사를 거의 듣지 못했습니다. 저에게는 익숙해진 환시가 타인에게는 경이롭게 보이리라 생각하지 못했던 것입니다. 저는 만루 찬스에서 타자석에 성난 황소처럼 등장했지만, 있는 힘껏 헛스윙을 세 번 해서 삼진을 당했습니다.

5만이 넘는
시청자

촬영 당일에는 저도 종일 참관했습니다. 원래는 견학에 불과했지만, 오리카사 게이스케折笠慶輔 감독이 한두 번씩 의견을 구하기 시작하더니 어느새 고문위원처럼 되어버렸죠. '환시 사람' 역(실버우드 사원)과 '실제 사람' 역(프로 배우)에 각각

세세한 조언을 했습니다.

'환시 사람'에게는 무표정하면서 생기가 없는 느낌을 내달라고 부탁했습니다. 웃으면서 뛰어다니는 아이를 환시로 보는 사람도 있다는데, 제가 환시로 본 사람은 늘 무표정하고 활기라고는 전혀 느껴지지 않았습니다.

그 밖에도 환시로 동물(개, 뱀), 곤충(통통하게 살이 오른 애벌레, 모기) 등도 출연했지만, 그들은 좀처럼 기대대로 움직여주지 않았습니다. 게다가 VR의 특성상 한번 NG가 나면 처음부터 전부 다시 촬영해야 하기에 5분짜리 짧은 영상을 촬영하는 데 거의 하루가 걸렸습니다. 장시간 집중하려면 몸에 꽤나 무리가 갑니다. 촬영을 마치고 돌아가는 차에서 결국 앉지 못하고 옆으로 누웠습니다.

편집 단계에서도 여러 차례 수정을 반복했습니다. 방의 밝기를 바꾸거나 모기의 수를 줄이거나 환시로 보는 빛을 더 아름답게 하거나. 편집하는 데도 막대한 시간이 들었다는 걸 나중에 들었습니다.

모든 관계자들의 수고와 노력 끝에 완성된 VR 작품은 의료계를 비롯해 각계에서 호평을 받았고 해외에서도 상을 받았습니다. (2017년 아시아태평양 고령자 케어 이노베이션 어워드 '테크놀로지 부문' 최우수상.) 2019년에는 체험한 사람들이 5만 명을 넘어섰고 대만에서도 체험회를 개최했습니다.[2]

환시는 사라져야
비로소 환시라는 걸 알 수 있다

처음 VR 작품이 완성되었을 때는 사람들이 어떻게 받아들일지 상상조차 하지 못했습니다. 환시에 대해서 저를 오랫동안 취재했던 사람들이 "설마 이렇게 보일 줄은 몰랐어요."라고 해서 충격을 받기도 했지요. 저는 수년간 언어(음성과 문자)를 이용해서 최선을 다해 제 병에 대해 알려왔는데 (적어도 시각적으로는) 영상보다 못했던 것입니다.

저에게 충격을 준 한 사람에게 무엇이 상상과 달랐는지 물어봤습니다. 그는 이렇게 답했습니다. "환시가 나타난 동안에는 들은 대로 진짜 같았어요. 사라질 때가 의외였죠. 환시가 연기처럼 사라질 줄 알았는데 그냥 느닷없이 확 없어지더라고요."

텔레비전 드라마에 등장하는 환상은 투명해지거나 연기처럼 퍼지면서 사라지기에 금세 가짜라고 알 수 있습니다. 환시에 농락당하는 이유는 정신 상태가 정상일 때 나타나 진짜와 분간할 수 없기 때문입니다. 저 역시 병에 걸렸다는 걸 알기

2 '레비소체병 환시편'의 일부를 저자의 유튜브 채널에서 볼 수 있다.
http://youtu.be/oOBwIhhjNEI (QR코드 참고)

전에는 한순간에 확 사라지는 사람의 환시를 단순히 잘못 본 거라고 생각했습니다. 지금도 벌레의 환시는 사라지기 전까지 진짜라고 여깁니다.

"환시가 덤벼드는 줄 알았어요." 하는 사람도 있었습니다. 제가 환시로 보는 사람은 그저 가만히 있을 뿐입니다. 그렇다 해도 집 안에 모르는 사람이 있는 것 자체가 무섭지요.

환시에 벌벌 떨던 무렵에는 밤중에 화장실을 가기 무서워서 눈을 감은 채 손으로 더듬거리며 화장실에 가기도 했습니다. 만약 문 너머에 남자가 서 있다면… 이런 생각 탓에 심장이 두근대어 그만 눈물이 날 것 같았지요.

요즘도 환시는 나타납니다. 하지만 VR로 환시를 재현했던 무렵과 달리 지금 저의 세계는 평온합니다. 시간이 흐르며 환시를 받아들이는 태도가 변했기 때문입니다.

사 라 진 　 여 성 과
거 대 한 　 거 미

"환각(환시, 환청 등)을 경험한다는 건 정신의학적으로 심각한 상태예요."

의사가 이렇게 말한 적이 있습니다. 저도 전에는 의사의 말대로 생각했습니다. 그런 생각은 오늘날 거의 '상식'으로 많은 사람들에게 공유되는 것 같습니다. 가끔씩 하는 강연에서 "요즘도 환시를 봅니다."라고 대수롭지 않게 말하면 강연장 전체에 술렁거림이 퍼지는데, 지금은 제가 그런 반응에 깜짝 놀랍니다. 이제 저에게는 '환시는 심각한 상태'라는 의식이 없기 때문입니다.

과거의 상식과 다르게 레비소체병 환자 중에는 눈에 띄는 증상이 없는 시기부터 환시를 보는 사람들이 있습니다. 저도 그런 경우였지요. 건강한 상태에서 환시가 나타났을 때, 병에 걸렸다는 걸 깨닫기란 생각보다 어렵습니다.

자동차 안에
웬 여자가!

제가 처음 '사람'을 본 것은 건강하고 활동적이던 30대 후반이었습니다. (41세에 우울증으로 오진을 받았고, 50세에 레비소체 인지저하증 진단을 받았습니다.)

그 당시 저는 운동을 하기 위해 매주 이틀씩 밤마다 차를 몰고 외출했습니다. 그날도 땀을 흠뻑 흘리고 기분 좋게 돌아와서 자동차를 공동 주택 주차장의 지정된 자리에 댔지요.

차가 멈춘 순간, 심장이 멎는 줄 알았습니다. 오른쪽 옆에 주차된 차의 조수석에 중년 여성이 정면을 응시하며 앉아 있었던 것입니다. 깜짝 놀라 비명이 나오려는데, 여성이 흔적도 없이 한순간에 사라졌습니다.

"어? 뭐지?"

아무리 들여다봐도 여성이 앉았던 조수석은 텅 비어 있었고, 사람으로 착각할 만한 물건도 없었습니다. 머리 받침대에 커버를 씌운 것도 아니라 잘못 볼 리 없었고요. 하지만 방금 전에는 분명 여성이 있었고, 그 여성은 투명하지도 부옇지도 않았습니다. 심지어 얼굴도 또렷이 봤습니다. 보통 체격이었고 머리카락은 어깨에 닿는 정도였지요.

물론 진짜 '사람'과 좀 다르긴 했습니다. 진짜 '사람'이라면 왜 조수석에 앉아 있는지 목적이 자연스레 전해집니다. 가족을 기다리나 보구나, 차에 두고 간 물건을 찾으러 왔구나 하고요. 그런데 그 여성은 무표정하게 정면을 지그시 응시할 뿐이었습니다. 밤중에 주차장에서 그러고 있는 건 너무나 부자연스러웠지요.

대체 뭐였을까 생각했지만, 매우 잠깐 보였고 순식간에 사라진 방식이 눈이 착각했을 때와도 비슷했습니다. '이렇게 기분 나쁜 착각도 있구나…' 그때는 그렇게만 생각했습니다.

잘못 본 건가, 유령인가

그 뒤에도 몇 번이나 반복해서 그 주차장 여성을 보았습니다. 같은 시간에 같은 장소에서 같은 사람을 봤고, 사라지는 방식도 같았지요. 그쯤 되니 진짜 잘못 본 걸까 의심스러웠습니다. 평소에는 눈에 이상이 없었고, 다른 상황에서는 '사람'을 보지 않았기 때문에 눈병일 가능성은 전혀 고려하지 않았지요.

유령일 가능성도 뇌리를 스쳤지만, 세상을 떠난 분이 스스로 생전의 모습을 그대로 재현할 것 같지는 않았습니다. 저는 이 세상에 눈으로 볼 수 없는 것이 많다고 생각하는데, 사람에게 보이는 것은 그 사람의 뇌가 보고 있는 것이라고 막연히 생각해왔습니다.

수차례 나타난 여성의 정체는 알지 못했지만, 어쨌든 볼 때마다 놀라고 소름이 돋았습니다. 그래서 밤에 주차를 하면서 오른쪽을 보지 않기로 했습니다. 잘못 자서 담이 걸린 사람처럼 왼쪽만 보며 주차하고, 왼쪽만 보며 차에서 내리고, 오른쪽 차를 등진 채 주차장을 걸어간 것입니다.

이 단순한 작전이 성공해서 그 뒤로는 주차장에서 한 번도 여성을 보지 않았습니다. 만에 하나 그 여성이 유령이고 저에게 뭔가 용건이 있다면, 왼쪽으로 돌아서 제 앞에 나타났겠죠. 저는 '역시 그냥 착각한 거야.'라며 안심했고, 그런 일이 있었던 사실조차 잊어버렸습니다.

이 오래된 기억을 끄집어내서 '그게 인지저하증 증세였을까?' 하고 의심하기 시작한 건 약 10년 뒤, 다시 반복해서 '사람'을 보게 된 무렵이었습니다.

액막이를 치른
사람도

50세에 레비소체 인지저하증이 의심되어 처음으로 전문의가 있는 대형 병원을 찾아갔습니다. 자동차 안에 사람이 보인다고 했더니 의사가 "레비소체 인지저하증의 전형적인 환시 중 하나입니다."라고 하더군요. 저에게는 '영문 모를 미지의 현상'이었는데 이미 '전형'으로 분류되었다니, 가벼운 충격을 받았습니다.

왜 '자동차 안'인지, 아무리 같은 병이라 해도 왜 여러 사람이 비슷한 환시를 보는지, 애초에 환시란 어떻게 일어나는 현상인지, 정말 불가사의했습니다. 이유를 알고 싶었지요. 하지만 그 답은 아직까지 어디에도 없습니다.

저와 같은 병에 걸린 어떤 분은 '사람'을 보기 시작하자 "유령이 보이는 줄 알고 액막이를 했다."고 했습니다. 액막이에 대해서는 그 뒤에도 여러 당사자와 그 가족들에게 들었지요. 저처럼 면식이 없는 사람만 보이는 경우가 있는가 하면, 돌아가신 가족이 보이는 경우도 있었습니다.

'왜 할머니가 거실에 계실까? 할머니는 이미 돌아가셨는데… 이상하네.'라고 생각한 적이 있다는 분도 있었습니다. 그 이상함을 저는 잘 이해합니다. '백문이 불여일견'이라고 하듯이 우리는 자신이 보는 것을 분명한 현실이라고 받아들입니다. 내게 보이는 것이 실제로는 없다고 생각하기란 무척 어렵지요.

또렷하게 보이는

곤충의 눈

___

처음 전문의를 찾기 직전, 저는 자주 '벌레'를 봤습니다. 어느 날 오전 10시쯤 슈퍼마켓의 야외주차장에서 천천히 운전을 하는데, 백미러 아래쪽에 갑자기 엄청 큰 검정 거미가 나타났습니다. 검정 거미는 다리가 짧은 타란툴라와 닮았고 투실투실하니 못생겼는데 크기는 귤만 했습니다.

"이게 뭐야!"

거미줄이 보이지 않았지만 거미가 공중에 있었기 때문에 백미러부터 거미줄을 타고 내려왔나 보다 짐작했습니다.

'대체 언제… 어디로 들어왔지? 무슨 거미지?'

바로 차를 세우고 얼굴을 거미 가까이 가져가 유심히 살펴봤습니다. 뻣뻣해 보이는 굵은 털 하나하나와 수없이 많은 홑눈이 뚜렷하게 보였습니다. 기괴한 모습에 흠칫 놀란 순간, 거미가 바닥으로 떨어졌습니다.

"으악!"

커다란 거미가 다리를 기어오르기라도 하면 큰일이었습니다. 양발을 올리고 거미를 찾았습니다. 저런 게 숨어 있으면 불안해서 운전도 할 수 없는데…. 그런데 거미가 없었습니다. 귤만 한 거미이니 분명히 찾을 수 있을 거라고 생각하며 좌석

아래를 살피다 보니, 의문이 하나둘 떠올랐습니다.

'지금까지 저런 거미를 본 적이 있었나?'
'저렇게 큰 거미가 일본에 있을까?'
'저렇게 큰데 왜 떨어질 때 아무 소리도 안 났지?'
'육안으로 거미의 눈까지 자세히 뚜렷하게 관찰할 수 있나?'

그제야 깨달았습니다. '환시였구나.'

존재하지 않는 거미를 찾은 이유

환시라고 깨닫긴 했지만, 털까지 뚜렷하게 보인 거미가 실재하지 않다니 도저히 믿기지 않았습니다. 저는 환시가 아니었다는 걸 증명하기 위해 더욱 기를 쓰고 거미를 수색했습니다.

'확실히 봤어. 분명히 있을 거야!'

저에게는 사실 거미가 없었다고 스스로를 납득시킬 방법이 없었던 것입니다.

존재하지 않는 거미를 찾고 있는데, 좌석으로 눈물이 뚝 떨어졌습니다.

'내 머리에 대체 무슨 일이 일어난 거지?'

'내 뇌는, 이 세계는, 이제 어떻게 될까?'

제가 가장 환시에 벌벌 떨었던 시기의 일입니다.

환시가 무섭지는 않았습니다. 저는, 저 자신이 무서웠습니다.

그렇지만 그 공포야말로 제가 새로운 정보와 지식을 얻음으로써 사라질 환상에 불과했습니다.

환 시 라 는 　 고 독

항인지저하증 약물 치료를 시작하기 전, 저는 연달아 나타
나는 온갖 환시와 착시[3]에 우롱당하며 잔뜩 겁을 먹고 있었
습니다.

모기나 거미를 가장 자주 보았는데, 종종 벽이 갑자기 반구
형으로 부풀어 오르거나 카펫의 문양과 사진 속 동물이 움직
이기도 했습니다. 그때마다 '이게 뭐야.' 하며 진저리를 쳤지요.
다만 환시와 착시로 늘 무서운 것만 보지는 않았습니다.

어느 날, 집 근처 사거리에서 커다란 흰 새가 하늘로 날아오
르는 광경을 보았습니다. 백로와 닮았는데, 백로보다 크고 날
개와 꼬리도 더 길었습니다. 기품 넘치는 아름다운 새였지요.

3　옷이 걸린 옷걸이가 그 옷을 입은 사람으로 보이는 등 실제 있는 것이 다른 것(사람,
동물 등)으로 보이는 증상.—지은이 주

'무슨 새일까? 저렇게 아름다운 새가 이런 주택가에 무슨 일일까.'

날갯짓한다기보다 하늘하늘 춤추듯 하늘로 올라가는데 꼭 무용을 하는 것 같았습니다. 저는 난생처음 보는 우아한 광경에 숨 쉬는 것도 잊었습니다.

'아름답다…'

홀린 듯이 보고 있으니 윤기가 감도는 섬세한 깃털 하나하나까지 눈에 들어왔습니다. 저는 완전히 마음을 빼앗겼습니다. 가슴이 벅차올라서 전율이 일 것만 같았는데… 흰 새는 한순간에 슈퍼마켓의 비닐봉지로 변했습니다.

저는 한동안 그 자리에서 움직이지 못했습니다.

저항감과
무력감

지금 그 새를 봤다면 '이렇게 멋진 착시도 있구나!'라고 순수하게 기뻐할 것 같습니다. 하지만 그때는 착시임을 깨닫고 온몸에 힘이 쭉 빠졌습니다.

'이 세상에서 뭐가 진짜고 뭐가 가짜인지, 나는 이제 구별할 수 없어. 나를 믿을 수가 없어. 내가 보는 세계를 믿을 수도 없어.' 정말로 그렇게 생각했습니다. 무슨 책을 봐도 레비소체 인지저하증은 진행이 빠르다고 했습니다. (지금은 그렇지 않다고 부정하는 의료인이 늘어나고 있습니다.) 저는 책에 쓰인 대로 갈수록 환시가 늘어나 제 세계를 점점 잠식할 것이라고, 그런 혼란 속에서 저 홀로 살아가게 될 것이라고 스스로 믿어버렸습니다.

나한테는 정말 보인다고 아무리 호소한들 누구도 믿어주지 않을 거라고 절망하고 포기했습니다. 그 무렵 레비소체 인지저하증의 증상을 인터넷에서 검색하면 "비교적 이른 시기부터 환각(환시)·망상이 나타나 있지도 않은 것을 있다고 우기는 등 문제를 일으킵니다." 같은 글만 결과로 나왔습니다. 절대 떼어낼 수 없는 것처럼 꼭 '환각·망상'이라고 쓰여 있었지요. 격렬한 저항감이 치미는 동시에 짙은 무력감을 느꼈습니다.

지금은 많이 줄어들었지만, 그때만 해도 인터넷에는 인지저하증 증상을 비웃는 글이나 환자를 돌보는 이들이 한탄하는 글이 많았습니다. 그런 글을 보면 저는 갑자기 온몸이 경직되었고, 저도 모르게 몸을 웅크렸습니다. 웅크린 채 옆으로 쓰러지면, 다시 움직일 수 있을 때까지 한동안 석상처럼 가만히 있었습니다.

아 무 도

몰 라 야 해 !

다른 사람에게 환시를 들키는 것이 두려웠습니다. 그 두려움은 제 배 속 깊은 곳에 무겁고 단단하게 쌓여갔지요. 만약 "저는 사람이 보여요."라고 타인에게 말하면 상대가 "저는 사람을 죽였어요."라는 말을 들었을 때와 비슷하게 반응할 거라고 혼자 짐작했습니다.

병에 대해서도 환시에 대해서도 가족은 물론 친구에게조차 말하지 않았습니다. 지금처럼 저에게 희망적인 정보가 있었다면 주위에 얘기했겠죠. 하지만 당시에는 절망적인 정보밖에 없었습니다. 병에 대해 주위에 이야기해봤자 그저 슬프게 하고 걱정시키고 괴롭히는 것에 불과하다고 생각했습니다. 그때 저는 경험한 적 없는 고독 속에 있었습니다.

누군가와 대화할 때 환시가 나타나는 일은 좀처럼 없었지만, 무심코 말실수를 해서 들키지 않도록 사람과 만나면 항상 긴장했습니다. 지금 돌이켜보면 희극입니다만….

한번은 근처 패밀리 레스토랑에서 지인과 만났는데 커다란 파리 두 마리가 날아왔습니다. '왔다! 환시다!' 하며 긴장했습니다. 청결한 식당에 파리가 두 마리나 날아다닐 리 없으니까요. 파리들이 끈질기게 눈앞에서 날아다니는 통에 정신이 사나왔지만, 계속 보이지 않는 척했습니다. 빨리 좀 사라져, 제발 내 쪽으로 가까이 오지 마, 이렇게 빌면서요. 그런데 마주 앉은 사람이 코앞에 있는 파리를 손으로 쫓았습니다. '진짜 파리였구나!' 내심 깜짝 놀랐지만, 역시 태연한 척 미소만 지었습니다.

너 는
진 짜 니?

당시에는 컨디션이 무척 나빠서 거의 외출을 하지 않았습니다. 그 때문에 환시는 대부분 집 안에서 나타났지요. 한때는 파리가 눈에 띄면 진짜인지 환시인지 확인하기 위해 한참을 쫓아다니기도 했습니다. 그런데 집요하게 추적해 '진짜구나!' 하고 확신한 순간 파리가 눈앞에서 사라져버리면 꽤나 충격을 받았습니다. 그것만으로도 몸 상태가 나빠졌지요. 그래서 추적을 그만두었습니다. 환시에 벌벌 떨며 이리저리 휘둘리는 생활에도 질려서 '이제 몰라. 가짜든 진짜든 상관없어.'라고 생각하게 되었지요.

산책을 하다가 나뭇잎 위에서 거의 본 적 없는 커다란 나비 유충을 발견한 적이 있습니다. 토실토실하게 살이 오른 모습이 귀여워서 "너는 진짜니?"라고 물어보았습니다. 유충은 답해주지 않았지만 사라지지 않고 그대로 있어주었습니다. 말없이 저를 위로해주는 것 같았지요.

매일매일 환시에 농락당했지만, 실은 어딘지 끌리는 점이 조금 있기도 했습니다. 병에 휘둘리며 엉망이 되던 저의 내면에는 또 다른 '나'가 있었습니다. 실재하지 않는 것이 돌연히 나타나는 미지의 현상을 '재미있다'고 여기는 '나'였지요. 이 불가사의한 현상의 정체를 알고 싶다, 밝혀내고 싶다. 처음에는 이런 마음이 작은 새싹 같았지만 갈수록 쑥쑥 자라났습니다.

'병세가 나빠지기 전에 내가 소멸되면 좋겠다.'라는 바람 또한 제 뜻을 무시한 채 오랫동안 마음속 깊은 곳에 자리 잡고 있었습니다. 하지만 아무리 제가 형편없어져도, 아무리 힘이 들어도, 마음속 한구석에는 증상을 흥미로워하는 또 다른 제가 희미하게 있었습니다. 그 덕분에 힘들어도 그럭저럭 살아갈 수 있었던 것 같습니다.

아 이 에 게 는

들 키 고 싶 지 않 았 다

2013년 6월, 50세에 레비소체 인지저하증 진단을 받고 약물 치료를 시작하자 수많은 증상들이 개선되었습니다. 환시도 사라졌지요. 다만 자율신경계의 문제로 땀이 나지 않아 매일 열사병 같은 상태였습니다. 그 문제에 대응하느라 정신이 팔려 있다가, 문득 한 달 넘게 환시를 겪지 않았다는 걸 깨달았습니다.

그렇게 지내던 8월, 열대야가 심하던 밤이었습니다. 아이가 운전하는 차를 타고 장을 보러 갔습니다. 주차장에 차를 대고 저는 아이보다 먼저 조수석에서 내려 차 앞쪽으로 걸어갔습니다. 그 순간, 분명 멈췄던 차가 저를 향해 슬금슬금 전진하기 시작했습니다! 주차장은 평지였습니다. 기어를 1단에 둔 채 사이드 브레이크도 걸지 않았구나 순식간에 추측했습니다.

"얼른 브레이크 걸어!"

저는 고함을 치며 허둥지둥 운전석 쪽으로 달려갔습니다. 깜짝 놀란 얼굴로 문 옆에 서 있는 아이를 밀어내고 운전석에 뛰어들어 사이드브레이크를 당겼습니다.

…브레이크는 이미 걸려 있었습니다. 곧바로 제가 무슨 일을 저질렀는지 이해했습니다.

"너무 더워서 착란이라도 일어난 거야?"

아이의 목소리가 저를 덮치는 것 같았습니다. 놀라고 당황한 아이의 얼굴을 보며 생각했습니다. '둘러댈 말을 찾아야 해. 당장 뭔가 둘러대야 해.' 하지만 머릿속은 답답한 잿빛 구름으로 꽉 차 있었습니다. 그 무렵 자주 겪던 '뇌가 정상적으로 일하지 않는 모드'로 전환된 걸 스스로도 알았습니다. 그 모드가 되면 지혜가 떠오르기는커녕 평소 잘하던 일도 할 수 없게 됩니다.

'아이에게는 절대로 들키고 싶지 않았는데. 노력해서 계속 숨겼는데…'

제가 현실에서 스르르 빠져나와 그 자리에 없는 듯한 느낌이 들었습니다. 그 와중에 멍하니 생각했습니다. '나는 지금 어떤 표정을 짓고 있을까? 어떤 표정을 지으면 될까?' 아마 그때 저는 얼빠진 표정을 짓고 있었겠지요.

그렇지만 환시 때문에 괴로웠던 날은 그때가 마지막이었던 것으로 기억합니다. 레스토랑에서 음식 위에 벌레가 수십 마리 기어 다녀서 '왜 나만 이런 걸 봐야 하는 거야!'라고 생각한 적은 있지만, 잠자코 있었기에 같이 있던 가족에게도 들키지 않았지요.

시간이 흐르며 저는 더 이상 환시를 무서워하지 않게 되었습니다.

저주가 풀리고
괴물이 사라졌다!

슈퍼마켓 주차장에서 경험한 '차량 전진 사건'으로부터 엿새 후, 제 의식에 커다란 변화를 일으킨 일이 일어났습니다. 다른 사람에게 처음으로 환시에 대해 상세히 이야기한 것입니다. 상대는 NHK 생활정보 프로그램의 디렉터 K씨였습니다.

NHK의 프로그램에서 레비소체 인지저하증을 특집으로 다루려 하는데, 당사자를 취재하고 싶어한다고 레비소체 인지저하증 가족회에서 연락이 왔던 것입니다. 저는 컨디션이 좋지 않아 가족회 모임에는 참석하지 않았지만 연락은 주고받고 있었습니다.

취재에 제대로 응할 자신은 없었습니다. 앞서 적었듯 매일 열사병 같은 상태였기 때문입니다. 그래도 협력하고 싶다는 바람만은 강했기 때문에 굳게 마음먹고 약속 장소로 나갔습니다. 인기 프로그램에서 올바른 정보를 전달하면 자신이 병에 걸린 줄도 모르고 괴로워하는 사람들이 극적으로 줄어들 것이라 생각했습니다.

그때껏 한 번도 접한 적 없는 디렉터라는 직책에 멋대로 영화감독 같은 사람을 상상했는데, 약속 장소에 나타난 이는 캐주얼한 옷차림의 젊은 남성이었습니다.

이미 취재는 마무리 단계라고 했습니다. K씨는 문헌 자료를 많이 읽어서 제 병에 대해 깊이 이해하고 있었지요. 나아가 오진과 약물 부작용 때문에 고통스러워하는 사람이 많은 상황에 심각한 문제의식을 품고 있었습니다.

당시에는 환자의 괴로움을 이해하기는커녕 병명조차 모르는 의료인이 적지 않았습니다. 저는 K씨의 취재력에 감탄했습니다. 프로그램 한 편을 제작하는 데 석 달이나 시간을 들인다는 걸 알고 더욱 놀랐습니다. 이 디렉터라면 환자와 가족을 구하는 획기적인 프로그램을 만들 수 있으리라 확신했습니다.

귀중한 정보
제공자로서

환시를 비롯한 제 병의 증상에 대해 저는 최선을 다해 한참

을 이야기했습니다. 제 감정은 한쪽에 치워두고 경험한 사실들을 리포터처럼 전하려 했지요. 문득 정신이 들고 보니 몇 시간이 지나 있었습니다. K씨는 줄곧 깊은 경의를 표했고 강한 지적 호기심을 보이며 제 이야기를 경청해주었습니다. 그렇게 오랫동안 일방적으로 누군가에게 제 이야기를 한 것은 난생처음이었습니다.

저는 깜짝 놀랐습니다. 제가 '이상한 사람'도 '불쌍한 환자'도 아니라 '귀중한 정보 제공자'라는 사실에요. 그리고 저의 체험담이 긍정적인 태도로 눈을 빛내며 경청할 만한 가치가 있는 것이라는 생각지도 못한 사실에요. 저에게는 충격적인 발견이었습니다. 무엇보다 기뻤습니다.

그보다 며칠 전, 저는 남편에게 환시에 대해 털어놓았습니다. "아무 말도 안 하고 혼자 끙끙 앓는 것 같은데, 무슨 일 있어?"라고 남편이 불안해하며 물어봤기 때문입니다. 저는 "벌레가 보여."라고만 말하고 울음을 터뜨렸습니다.

남편은 심각함을 눈치채고 동요하면서도 "그건 눈의 병이야. 치료하면 나을 거야."라고 필사적으로 말해주었습니다. 남편이 저를 생각해서 말한다는 건 저도 알았습니다. 하지만 병마에 쓴 저와 건강한 사람 사이에 생겨난 계곡은 너무 넓고 깊어서 도저히 이해의 다리가 놓일 수 없었습니다. 그런 체념과 고독이 뿌리를 내려 제 몸 깊은 곳 구석구석으로 뻗어가는 느낌이 들었습니다.

그랬던 제가 같은 증상을 수다스럽게 이야기한 것입니다. 지적 호기심을 가득 품고 진지하게 들어주는 눈앞의 '타인'에게요. 아니, 타인이 아니었습니다. 처음 만난 사람이긴 했지만 이 병에 대해서 널리 알리겠다는 강한 바람을 공유하는 '동지'였습니다.

괴물은
모습을 감췄다

저는 매우 흥분했습니다. 무섭기만 했던 제 증상이, 유익한 정보가 되었던 것입니다. 고통밖에 없었던 저의 부정적인 체험이 다른 사람에게는 가치 있는 것일 수 있음을 깨달았습니다.

'아무도 이해해주지 않을 거야. 아무도 이해할 수 없을 거야.' 이런 생각은 잘못된 것이었습니다. 이해하고자 하는 사람에게는 아무런 장벽 없이 가닿을 수 있었습니다. 환시라는 불가사의한 현상을 '재미있다'고 여기는 마음까지도 공유할 수 있었습니다.

어제까지만 해도 고열과 두통에 시달리고 마음에 여유가 없어서 힘없이 우울했던 것이 거짓말 같았습니다. 그 자리에서 저는 깜짝 놀랄 만큼 활기가 넘쳤습니다. 몽롱할 때가 잦아서 이제는 고물이 되었다고 여겼던 제 두뇌 역시 문제없이 제 역할을 했지요. 병을 앓기 전으로 돌아간 것 같았습니다. 이렇게 예전으로 다시 돌아갈 수 있다니, 상상도 못 했던 일이었습니다.

저는 병이 들러붙은 탓에 스스로가 시커먼 괴물로 변했다고 생각했습니다. 저주받은 모습을 보이기 싫어서 누구와도 만나지 않겠다고 마음먹었었지요. 환시를 다른 사람에게 들키면 제 인생은 끝장이라고 굳게 믿었던 것입니다. 하지만 그날 저주가 풀렸습니다. 시커먼 괴물도 돌연히 모습을 감췄지요.

몇 년 뒤 K씨와 다시 만났을 때 "기운이 넘쳐서 다른 사람 같아요."라는 말을 들었습니다. 저에게는 자각도 기억도 없지만, 처음 만나서 취재를 받은 날에는 환자처럼 보였던 모양입니다. 그 무렵 만났던 다른 사람들도 모두 비슷한 말을 합니다.

'도와주는 사람'보다
'가르침을 청하는 사람'

아무런 이해관계도 없고 (취재도 아니고 사례비도 없어야지요.) 면식도 없는 사람에게는 훨씬 편하게 이야기할 수 있습니다. 외려 가족에게 말할 수 없는 게 더 많지요. 처음 보는 사람은 제가 무슨 말을 해도 저를 걱정하거나 저 때문에 마음 아파하지 않습니다. 그래서 가감 없이 자유롭게 하고 싶은 말을 할 수 있습니다. 너무 편해서 깜짝 놀랄 정도인데, 심리적인 이유만 있지는 않을 것입니다. 상대를 신경 쓴다고 하는 (한꺼번에 여러 가지를 배려하는) 고도의 작업이 기능이 저하된 제 뇌에는 부담스러운 건지도 모르지요.

몇 시간씩 체력과 정신력을 쏟아부어 이야기를 하고 나면 녹초가 되는데, 마음만은 인형탈 아르바이트를 마치고 시원하게 벗을 때처럼 가벼웠습니다.

그렇다면 좀더 빨리 상담기관에 가서 고민을 털어놓거나 심리상담을 받았다면 좋았을까요? 그러나 당시에는 그런 곳이 어디에 있는지 몰랐고, 찾아볼 마음도 들지 않았습니다. 만약 누군가 가르쳐줬다고 해도 가지 않았을 것 같습니다.

한번 상상해보세요. 당시 저는 괴물이 되어 있었습니다. 괴물이 상담기관에 가려면 용기를 쥐어짜야 합니다. 용기를 낸다 해도 잔뜩 겁에 질린 채 부스러질 것 같은 마음을 붙잡으면서 집 밖으로 나가야 하고요. 상담기관에 들어서기만 해도 틀림없이 긴장할 것이고, 접수처에서 용건을 말하려 해도 좀처럼 말문이 떨어지지 않겠지요. 그 모든 장애물을 뛰어넘어 간신히 상담실로 들어섰다고 칠까요. 상담실에서 제 앞에 앉은 사람은 무척 훌륭한 분으로 저 같은 괴물과는 전혀 다릅니다. 상담실에는 처음부터 압도적인 상하관계가 있는 것입니다.

그와 달리 K씨는 제 이야기를 듣고 배우기 위해 만나러 와주었습니다. '가르침을 청하는 사람'이었던 것입니다. 제 체험을 경청하는 K씨에게는 경의와 지적 호기심이 있었습니다. 그리고 이야기를 들려준 저에게 진심으로 고마워했지요.

그때 저는 괴물에서 인간으로 돌아갔습니다. 필사적으로 감추어왔던 환시가 다른 사람에게 도움을 줄 수 있는 저의 가장 큰 장점으로 변했지요. 물론 그 일로 문제가 단번에 해결되지는 않았고, 그 뒤에도 증상이 변화할 때마다 마음이 흔들렸습니다. 하지만 그날 저는 분명 변화를 향한 첫발을 내디뎠습니다.

감 옥 으 로
들 이 친 빛

K씨와의 만남 뒤, 병에 대한 저의 인식을 바꾸는 일들이 이어졌습니다.

우선 저와 같은 병을 앓는 또래 여성을 어렵게 찾아서 이야기를 나눴습니다. 무인도에서 홀로 지내다 한참 만에 사람과 조우한 심정이었지요.

실제로 그때껏 저는 레비소체 인지저하증에 걸린 사람이 더 있는지 없는지조차 몰랐습니다. 누군가 저에게 "인지저하증에 걸린 것 같지 않아요."라고 하면 '내가 특수한 건가. 나 말고는 없나.'라며 고민하기도 했지요. 그랬던 제가 같은 병을 앓으면서 병에 대해 이야기 나눌 수 있는 사람을 찾아낸 것입니다.

그 후 절친한 친구에게도 병에 대해 털어놓았습니다. 친구는 제 이야기를 아무런 편견 없이 있는 그대로 받아들여주었습니다. 구원을 받은 것 같았지요. 병을 들키는 것에 대한 공포와 견디기 힘들었던 고독은 저 자신이 만들어낸 환영에 불과했음을 깨달았습니다.

나를 구해준
책과 논문

그 무렵 저는 닥치는 대로 뇌에 관한 책을 읽었습니다. 제 병과 관련이 있으면 전문서와 논문도 읽었지요.

'나한테 무슨 일이 일어나고 있는 건지 알고 싶어. 절망적인 정보에 맞설 수 있는 수단을, 진행을 조금이라도 늦출 수 있는 방법을 찾고 싶어.' 누구도 진정시킬 수 없는 절실한 욕구였습니다.

당시에는 마치 발작처럼 급작스럽게 컨디션이 나빠지는 증상이 자주 일어났습니다. 갑자기 고열이 날 때처럼 나른해지는데, 그러면 머리가 돌아가지 않아 신문도 읽지 못했지요. 무슨 글자인지는 알아도 의미를 파악하지 못했고, 뇌가 금세 지쳐서 통증이 일었습니다.

그럴 때만 아니면 낯선 의학 용어를 하나하나 인터넷에서 검색하며 시간을 들여 논문을 읽었습니다. 몸 상태가 좋을 때도 '100 -7=?' 같은 계산을 못 하곤 했는데, 왠지 논문은 읽을 수 있었지요. 왜 그런지 스스로도 신기했습니다. 인지저하증이라는 병에 걸리면 모든 뇌기능이 일제히 망가지는 줄 알았거든요.

예상과 달리 뇌기능의 저하가 꽤 한정적이라는 사실을 알게 되었습니다. 물론 병세의 진행을 신경 쓰지 않게 되거나 불안이 사라지지는 않았습니다. 하지만 저를 진단한 의사의 말이나 책에 쓰여 있는 설명만큼 손쓸 수 없는 병은 아니지 않을까… 하는 생각을 조금씩 품게 되었지요.

무언가
스윽 움직이다

저에게는 지금도 환시와 착시 외에 '무언가 움직이는 것처럼 보이는 증상'이 있습니다.

처음 눈치챈 것은 진단을 받기 조금 전이었습니다. 시야의 위쪽 끄트머리에 무언가 까맣고 조그만 것이 불현듯 휙 움직인 게 느껴졌는데, 비슷한 일이 반복해서 일어났습니다.

이 현상의 이름은 대체 무엇일까 궁금해서 찾아봤지만 도무지 찾을 수 없었습니다. 그러다 뇌종양이 있는 친구에게 제 증상을 얘기했더니 "나도 자주 겪어."라고 하더군요. 이 '이름 없는 증상'은 본인조차 인식하기 어렵기에 거론되는 경우가 적습니다. 그래서 전문가가 주목하지 않는 건지도 모릅니다.

시간이 갈수록 '무언가 움직이는 것처럼 보이는 증상'은 점점 시야의 중앙으로 들어왔습니다. 부엌 벽에 있는 작고 검은 얼룩이나 하얀 접시에 묻은 간장 한 방울이 직선으로 5센티미터 정도 스윽 움직이기도 했습니다. 의심스럽게 바라보고 있는데 움직이는 게 아니라 시야 안에서 갑자기 움직이기에 눈길을 끕니다. 움직임은 금세 멈추지만 그 흔적은 뚜렷하게 계속 보입니다. 마치 요술을 보는 것만 같지요.

약국에서 차례를 기다리며 앉아 있는데, 창밖의 풍경 전체가 마치 전철이 출발할 때처럼 스윽 흘러간 적도 있었습니다. 거대한 영화 세트장처럼 건물 전체가 움직였다고 한순간 느꼈습니다. 하지만 그럴 리는 없겠죠. 분명히 도로에서 오가는 자동차들의 움직임 때문에 환각이 일어난 것일 텐데, 그런 현상은 그 무렵 그 자리에서 반복해서 일어났습니다.

'환각 증상에는 이런 신기한 일도 있구나.'

흥미로움이 두려움을 이긴 첫 환각이었습니다.

MT 영역

뉴런의 오작동?

'움직이는 것처럼 보인다'는 이름조차 모를 증상은 제 마음을 끌어당겼습니다. 환시로 보이는 벌레가 진짜처럼 이리저리 날아다니는 것과 비교하면, 그 직선적인 움직임은 너무나 단순했습니다. '내 뇌에서 무슨 일이 벌어지는 걸까?' 오랜 겨울을 버티고 호기심이 싹텄습니다. 그 뒤로 호기심은 빛을 찾아 무럭무럭 자라났지요. 저는 닥치는 대로 책을 읽었습니다.

그러던 어느 날, 도쿄대 약학부 교수 이케가야 유지池谷 裕二의 책 『단순한 뇌 복잡한 나』[4]에서 "뇌 안의 MT 영역middle temporal visual area 뉴런이 활동하면 뇌는 가만히 있는 것을 움직인다고 판단한다."라는 문장을 찾아냈습니다.

저는 깜짝 놀라 벌떡 일어섰습니다.

'이거야! 내 문제 중 하나는 MT 영역 뉴런의 스위치에 있었던 거야!'

탐험가가 그토록 찾던 보물을 발견한 것처럼 저는 흥분했습니다.

MT 영역 뉴런이 무엇인지 자세히 조사하지는 않았습니다.

---

4   이규원 옮김, 은행나무 2012.

그저 누구도 설명해주지 않던 제 증상의 원리를 제 힘으로 하나라도 이해했다는 것이 떨 듯이 기뻤습니다. 문맹으로 살며 글과 마주할 때마다 주눅 들던 사람이 독학으로 난생처음 단어를 읽었을 때의 기분이 그때 제 기분과 비슷할지도 모르겠네요.

다른 사람이 보면 사소한 일이겠지요. 하지만 저는 빼앗긴 인권의 일부를 스스로 되찾은 것만 같았습니다. 저는 더 이상 무력한 환자가 아니었습니다.

당시에는 인지저하증이라고 진단 받으면 온갖 힘든 일을 겪어도 "인지저하증이니까."라는 한마디로 뭉뚱그려지는 게 일반적이었습니다. 단순 계산을 못 하겠다, 갑자기 지도를 못 읽겠다, 요리가 서툴러진다, 오늘 날짜를 모르겠다… 저도 겪은 이런 증상들이 대중에게 '인지저하증이라서 이해력과 판단력이 떨어졌다.'라는 식으로 설명되었지요.

저를 비롯해 막 인지저하증 진단을 받은 당사자와 가족에게는 일방적인 설명에 반론할 지식이 없습니다. 잠자코 납득하거나, '내가 느낀 것과 다른데.' 하면서도 받아들일 수밖에 없지요. 진단과 동시에 자신감을 상실하고 그대로 재기 불능에 빠져버리는 것입니다.

"레비소체 인지저하증은 초기부터 환시 등 정신장애 증상이 나타나며 문제행동을 일으킨다." 저는 이런 해설을 읽을 때마다 억울하게 누명을 써 어두컴컴한 감옥에 갇힌 죄인이 된 기분이었습니다.

MT 영역 뉴런에 대한 설명은 그야말로 감옥 속에 들이친 한 줄기 빛이었지요.

환시는
드물지 않다

몸 상태는 좀처럼 안정되지 않았고, 정신 상태 역시 날마다 심하게 요동쳤습니다. 그럼에도 저는 또 다른 빛을 찾길 멈추지 않았고 환시에 대해 많은 것을 알게 되었습니다.

신경과학자 빌라야누르 라마찬드란Vilayanur S. Ramachandran과 샌드라 브레이크스리Sandra Blakeslee가 집필한 『라마찬드란 박사의 두뇌 실험실』[5]과 올리버 색스Oliver Sacks의 『환각』[6]을 읽고 환시와 관련 있는 샤를 보네 증후군Charles Bonnet syndrome에 대해 알았습니다. 시각장애가 있는 사람 중 약 15퍼센트가 인지력 저하 또는 정신적 문제가 없음에도 불구하고 환시를 본다

5   신상규 옮김, 바다출판사 2015.
6   김한영 옮김, 알마 2013.

고 하는데, 이를 샤를 보네 증후군이라고 합니다.

책에 쓰인 설명을 읽어보니 샤를 보네 증후군 당사자가 보는 환시는 제가 경험한 것과 꽤 비슷했습니다. 편견이 무서워서 다른 사람에게 환시를 털어놓지 못하는 것도 같았지요.

뇌과학자 야마도리 아쓰시山鳥 重가 쓴 『뇌로 들여다본 마음』[7]에도 비슷한 증상이 쓰여 있었습니다. 당사자에게 직접 듣지 못했을 뿐, 저와 비슷한 증상을 겪는 동지는 생각보다 많은 듯했습니다.

또한 건강한 사람이라도 특정 조건이 갖춰지면 생각보다 흔하게 환시를 본다는 사실을 알았습니다.

불교의 종파인 천태종天台宗에는 천일회봉행千日回峰行이라는 고행이 있는데, 1000일 가까이 히에이산比叡山을 도보로 돌며 예배를 올립니다. 산속을 하루에 48킬로미터씩 걷다 보면 전설 속의 요괴 같은 게 보이기도 한다더군요. 사고를 당하거나 설산에서 조난을 당하는 빈사의 위기에서 수상한 빛, 세상을 떠난 가족, 천사 등을 봤다고 증언한 사람도 수없이 많지요. 굳이 위기가 아니더라도 명상을 오랫동안 한 사람은 눈을 감으면 선명한 환상을 본다고 합니다. 자다가 가위에 눌렸는데 환시와 환청을 경험했다는 사람도 있었고요. 저는 환각에 관

---

7   『脳からみた心』角川学芸出版 2013.

한 글을 차례차례 발견했습니다.

신비한 체험으로 다뤄지는 경우가 많지만, 환시는 생각만큼 드문 현상이 아니었습니다. 사람의 뇌에는 태어날 때부터 환시와 환청을 일으키는 스위치가 있는 모양입니다. 저는 병 때문에 제 뇌 속의 스위치가 종종 오작동을 일으키게 된 것이라고 이해했습니다.

진단을 받은 이듬해, 52세였던 저는 레비소체 인지저하증에 대한 온갖 오해를 풀기 위해 제 병을 공표하고 실명으로 사회를 향해 발언하겠노라 결심했습니다. 오랫동안 깊이 고민했지만 마음속으로 '이제부터는 정정당당하게 살아갈 거야!'라고 외친 순간, 시원한 바람이 온몸을 감싸는 듯이 상쾌했습니다. 그 후 환시는 갑자기 자취를 감추었고, 1년 넘게 제 앞에 나타나지 않았습니다.

'말'이라는 인재

환시는 '뇌의 오작동'이다. 이렇게 저는 나름의 답을 이끌어 내고 마음속으로 주먹을 치켜들며 선언했습니다. '더 이상 환시 따위 두렵지 않아. 나는 자유야!'

저는 괴물의 인형탈을 벗어던졌습니다. 가볍고 부드러워진 온몸에는 힘이 충만했지요. 컨디션 난조는 계속되었고 드러누워 지내는 날도 있었지만, 저는 건강했습니다.

제가 벗어던진 괴물의 인형탈을 보니 한 가지 의문이 들었습니다.

'이건 대체 뭐였을까?'

변한 것은 '말'뿐이었습니다. 저는 처음부터 계속 저 자신이었지요.

어느 만화책과의
만남

괴물의 인형탈을 뒤집어쓰고 있던 무렵, 저는 환각에 찰싹 달라붙은 '이상한 사람'이라는 낙인을 두려워했습니다. 이 사회에서 그런 낙인이 찍혀도 예전처럼 살아갈 수 있을까…. 인적이 드문 어두운 길에서 갑자기 입을 막혀 납치당한 것처럼 분명 세계가 변해버릴 것이라고 생각했습니다.

그런데 환각을 겪는 사람들은 정말 '이상한 사람'일까요?

저는 환각(주로 환청)이 주된 증상이라 널리 알려진 조현병에 대해 조사했습니다. 제가 인지저하증 진단을 받은 이듬해였지요.

저는 그때껏 자신이 조현병이라 밝힌 사람도, 그 가족도, 만난 적이 전혀 없었습니다. (제 병을 공표한 뒤에는 조현병과 관련된 많은 분들을 만나 이야기를 나누었습니다. 오래된 친구가 "실은 우리 가족이…" 하며 밝히기도 했고요.)

'조현병'이라고 하면 어린 시절 읽었던 낡은 소설 속의 묘사가 먼저 떠올랐습니다. 대체로 무섭게 묘사했었지요. '오늘날에는 약물로 개선할 수 있다'는 지식을 알고 있긴 했지만, 만난 적 없는 사람의 병은 가본 적 없는 나라처럼 멀게 느껴졌습니다. 저와는 접점이 없는 것으로 여겼지요.

제가 제일 먼저 손댄 것은 나카무라 유키中村 ユキ가 조현병 어머니와 함께한 반생을 그린 코믹에세이 『우리 집 엄마는 환자예요』[8]였습니다.

가족의 시점에서 그린 증상과 체험은 전에 조금 읽었던 의학적 해설과 전혀 달랐습니다.

공 통 점 에
놀 라 다

놀랍게도 조현병 당사자인 저자의 어머니와 저는 서로 공통점이 무척 많았습니다.

- 온몸에 영향을 미치는 병이라서 몸 상태가 크게 요동친다.
- 인간관계가 좋고 마음이 편안하면 증상이 개선되며, 스트레스와 피로 등으로 단숨에 악화된다.
- 약의 부작용으로 악화되기도 하지만, 잘 맞는 약을 적정량 사용하면 크게 호전되기도 한다.

8　『わが家の母はビョーキです』サンマーク出版 2008.

- 뇌기능이 저하되어 멍한 경우가 있다.
- 감각이 과민해진다.
- 쉽게 지쳐서 금방 몸이 무거워지거나 드러눕게 된다.
- 자신의 증상을 자각해서 괴로워하고 불안과 우울에 휩싸이기 쉽다.
- 가족조차 증상을 이해하기 어렵다.
- 병을 숨겨야만 하는 사회에서 살아가고 있다.

저는 이 책에서 묘사한 '망상'이라는 증상을 경험한 적은 없습니다. 그 외에 환청의 내용 등 저와 다른 점도 여러 가지 있었지요. 그렇지만 조현병 당사자인 작가의 어머니가 겪은 어려움과 저의 어려움은 깊은 곳에서 서로 겹쳤습니다. 책을 보면서 꼭 동지와 해후한 것 같았습니다.

인지저하증, 정신질환, 조현병, 발달장애… 이렇게 세로로 벽을 세워 병들을 나누는 방식으로는 각 병 사이의 관계가 보이지 않습니다. 저는 『우리 집 엄마는 환자예요』를 읽고 처음으로 여러 뇌질환과 뇌장애를 가로로 굵게 꿰뚫는 것이 있음을 깨달았습니다. 바로 서로 공통되는 증상이 있고, 살아가며 곤란을 겪을 수밖에 없으며, 타인에게 이해받기 어렵다는 것입니다.

병과 장애의 이름이 다르지만 저 사람은 나와 같은 고통을 경험하고 있다. 그저 이 사실을 알기만 해도 구원받는 것 같은 이유는 무엇일까요? '내 고통은 아무도 이해하지 못해.' 마음속 깊은 곳에 자리한 이 아린 생각은 사실 환상에 불과하지만, 혼자서는 어쩔 도리가 없습니다. 고립감과 소외감의 늪에 일단 빠지면 자력으로는 빠져나갈 수 없습니다. 손을 잡고 늪 밖으로 당겨줄 누군가가 필요합니다. 가장 세게 손을 당겨줄 수 있는 사람은 바로 같은 고통을 떠안고 있는 사람일 것입니다.

인지저하증 해설에서 느껴지는 위화감

그 무렵 저는 새로운 문제와 직면하고 있었습니다. 바로 제 증상이 무엇으로도 분류되지 않는다는 문제였지요. 세간에 널리 알려진 '인지저하증'이라는 말은 병세가 진행된 알츠하이머병을 가리키는 경우가 대부분이었습니다.

"인지저하증 환자의 뇌는 위축되며, 주된 증상은 기억장애입니다."

"인지저하증 환자에게는 자신이 병에 걸렸다는 자각이 없습니다."

"사고력과 판단력은 저하되어도 체력은 있기 때문에 이리저리 돌아다녀서 간병하기 어렵습니다."

이런 설명을 신문에서 읽거나 방송에서 들을 때마다 저와 접점이 없어서 당황스러웠습니다.

만약 방송에서 특정 암의 증상이 모든 암에 공통되는 것처럼 설명하거나 병세가 위중한 환자만 보여주면서 "암 환자의 모습입니다."라고 한다면 어떨까요? 누구나 이상하다고 생각할 것입니다. 그런데 인지저하증에 관해서는 편견을 조장하는 듯한 난폭하고 편향된 설명이 아무렇지 않게 계속 방송되었습니다.

저는 레비소체 인지저하증 진단을 받았을 때 '나는 인지저하증이구나.' 하고 의심 없이 믿었습니다. 알츠하이머병 같은 기억장애는 없었지만, 주의력 등 인지능력이 저하되어 일상생활에 문제가 생겼고 그 탓에 직장을 잃었기 때문입니다. 아직은 초기라 증상이 가볍지만, 의학서에 쓰인 대로 급격하게 진행되어 10년 내에 쇠약해져서 죽을 거야. 이렇게 믿어 의심치 않았던 것입니다.

환자가 직접 읽으리라 전혀 상상하지 않고 전문가가 쓴 해설은 환자에게 흉기나 다름없습니다. 희망도 구원도 없는 해설이 그대로 환자의 내면에서 진실로 확정되기 때문입니다.

당신,

진짜 인지저하증이야?

시간이 흐르며 저는 흔히 접하는 인지저하증에 대한 설명이 잘못되었음을 깨달았습니다. 지인의 소개로 민영방송 취재에 익명으로 응하게 된 어느 날. 취재 자리에서 방송국 사람들은 의아한 얼굴로 몇 번이고 같은 말을 하더군요. "인지저하증 같지 않다."라고요. 촬영이 끝난 뒤에도 "인지저하증 같지 않기 때문에 영상을 못 쓸지도 몰라요."라는 말을 들었습니다. 알츠하이머병과 다른 증상을 설명한들 좀처럼 이해되지 않는 듯 "그런 게 인지저하증 증상이라고요?" 하며 의심스러운 눈길로 저를 보았지요.

저의 진단명에 붙어 있는 '인지저하증'이라는 말의 무게와 절망적인 의료 정보는 한때 저를 바닥까지 짓눌렀습니다. 어렵게 바닥에서 기어올라 제 목소리를 내기 시작했는데, 이번에는 "인지저하증이 아니다."라며 저를 쫓아냈지요.

저는 제가 소속되어 보호받을 수 있는 장소가 없다는 것을 깨달았습니다. "인지저하증 환자 5명 중 1명이 레비소체 인지저하증"이라고 이 병의 발견자(고사카 겐지 박사)가 책에 직접 적었건만, 현실에서는 "그런 병 들어본 적 없다."라는 말만 할 뿐이었지요.

내 병과 증상에 대해 어떻게 파악하고 어떻게 전해야 사람들이 이해할까? 저는 스스로 조사하고 고민할 수밖에 없습니다. 앞으로 제 병이 어떻게 진행될지도 몰랐지만, 어쨌든 제가 있을 곳을 확보하려면 고군분투해야 한다고 생각했지요.

정신의 문제가 아니라
뇌의 병

저는 예상하지 못했던 곳에서 동료를 찾아냈습니다. 바로 조현병 당사자들입니다. 조현병처럼 '뇌기능장애'라고 생각하니, 제 병과 증상이 아무런 모순 없이 이해되었습니다.

사람마다 다를 정도로 증상이 다종다양한 병을 진행 상태조차 무시하고 '인지저하증'이라는 하나의 틀로 설명한 것이 오해의 원인이었습니다. 그렇게 이해한 순간, 비로소 저는 모든 걸 납득할 수 있었습니다.[9]

---

9   '인지저하증은 망각의 병'이라고 널리 알려져 있지만, 사실 '인지저하증'은 '병명'이 아닙니다. 후천적으로 발생한 여러 인지기능장애 때문에 일상생활과 사회생활에 어려움을 겪는 '상태'를 가리키는 말입니다. '상태'는 인간관계와 생활환경에 따라 악화되기도 호전되기도 합니다. '인지저하증'을 일으키는 병만 해도 70개가 넘는다고 하는데, 증상은 병마다 다르며 레비소체 인지저하증처럼 초기에는 기억장애가 두드러지지 않는 경우도 있습니다.─지은이 주

제가 '인지저하증'이라는 말에 오랫동안 이리저리 휘둘렸던 것처럼 『우리 집 엄마는 환자예요』의 저자 역시 '정신병'이라는 말에 수십 년이나 억눌렸었다고 합니다.

저자인 나카무라 유키는 지역생활지원센터의 간호사가 "조현병은 뇌의 병이라서 치료할 수 있어요!"라고 하자 '뇌의 병!'이라며 놀랍니다. 어릴 적부터 보았던 엄마의 병이 '정신의 병'이 아니라 '뇌의 병'이라는 걸 알게 된 것이지요. 그 순간 오랫동안 이어진 공포가 사라졌고, 그제야 "올바른 지식이 머리에 들어오게 되었"다고 합니다. 그 올바른 지식 덕분에 저자의 어머니는 회복되었고 미소가 있는 평온한 생활과 미래를 향한 희망을 되찾았지요.

'병 때문에 뇌가 이따금씩 제 기능을 하지 못한다.' 이 점은 조현병 환자나 저나 똑같습니다. 그런데도 조현병 환자는 '정신에 병이 들었다.'라는 말을 듣습니다.

그런 말에서 오해와 편견 외에 무엇이 생겨날까요? 그 말 자체가 두껍고 차가운 강철 장벽이 되어서 조현병 환자와 사회를 가로막고, 당사자뿐 아니라 가족까지 막다른 길로 몰아넣습니다. 부조리의 칼날은 조용하고 깊은 곳까지 찌르는데, 그 흉터는 시간이 흘러도 사라지지 않습니다.

"인격이 붕괴되어 폐인이 된다." 이런 말을 들어왔던 것은 인지저하증도 조현병과 마찬가지입니다.[10] 뇌에 병이 있는 우리는, 우리의 내면에서 벌어지는 일에 대해 일방적으로 붙인 병명과 해설에 절망하고, 우롱당하며, 있을 자리를 빼앗겨왔습니다.

우리와 사회를 갈라놓는 것은 단순한 무지와 근거 없는 편견이 아니라 전문가의 냉혹한 해설이라고 저는 느껴왔습니다. 그것은 병의 증상보다도 훨씬 무겁게 우리를 억눌러왔습니다. 그야말로 인재人災라고 저는 생각합니다. 그리고 인재인 이상 바꿀 수 있을 것이라고요.

---

10   조현병의 발병률은 약 1퍼센트이니, 결코 드문 병은 아닌 셈입니다. 발병률이 비슷한 병으로는 뇌전증이 있습니다. 30세 이상 남성의 통풍, 고령자의 파킨슨병(레비소체 인지저하증과 같은 계통의 병), 성인의 말더듬증 역시 발병률이 약 1퍼센트입니다.—지은이 주

놓칠 수 없는 고삐

　제 병을 공표하겠다고 마음먹은 무렵부터 환시는 마치 짐을 싸서 가출한 것처럼 1년 넘게 자취를 감추었습니다. 몸 상태가 호전되었고 환시도 나타나지 않았기에 레비소체 인지저하증을 강하게 의식할 일이 줄어들었고, 기분도 무척 홀가분해졌지요.

　미래를 낙관하지는 않았지만, 이대로 상태가 괜찮은 날이 계속될 것 같다는 기대가 들었습니다. 카누를 타고 폭풍우가 몰아치는 바다를 헤맨 끝에 간신히 고요한 해변에 다다른 듯했고, 비할 데 없는 평온함을 느꼈지요. 그렇지만 좋은 일은 계속되지 않는 법입니다.

몸 상태에 따라
환시가 돌아오다

어느 날, 한 의사가 "히구치 나오미는 레비소체 인지저하증이 아니라 우울증이다."라는 글을 발표한 것을 알았습니다. 그 전에도 "이런 사람이 인지저하증일 리가 없다." 같은 비판을 인터넷에서 여러 번 봤지만, 인쇄물로 그처럼 근거 없이 헐뜯는 글을 본 건 처음이었지요.

그 글을 읽은 직후부터 컨디션이 나빠졌습니다. 그리고 1년 넘게 사라졌던 환시가 매일같이 나타났습니다. 마치 치료 전의 상태로 다시 끌려간 것 같았습니다.

몸 상태는 늘 변해왔지만 그렇게까지 급격하게 악화된 적은 없었습니다. 사고의 스위치도 비관적으로 전환되었지요. 행운의 시간은 이제 끝났고, 앞으로는 병세가 나빠지기만 하는 걸까…. 비관을 향해 뇌의 스위치가 켜지면, 제 몸이 꼭 돌로 변한 듯이 느껴집니다.

그런 상황에서 몇몇 분들이 도움의 손길을 뻗어주었고―문제가 해결되지는 않았지만―머지않아 몸 상태가 회복되기 시작했습니다.

스트레스가 '독'이 되어 몸 상태와 뇌기능이 순식간에 악화되는 것은 전에도 경험했지만, 환시까지 나타난 것은 처음이었습니다. 그때껏 몸이 녹초가 되어서 머리가 몽롱해도 환시는 나타나지 않았기 때문에 몸 상태와 환시는 관계가 없는 줄 알았지요.

'돌아온 환시'를
왜 말하지 못했을까

컨디션을 회복한 뒤에도 환시가 완전히 사라지지는 않았습니다. 그런데 왠지 제 마음속 한구석에 '돌아온 환시'를 사람들에게 이야기하는 것에 대한 저항감이 들었습니다. "환시는 이상한 게 아니다."라며 얼굴과 이름을 내걸고 사회를 향해 외쳤는데, 막상 '다시 보이기 시작해요.'라고 말하려니 목구멍이 꽉 막히는 듯했지요.

절친한 친구들은 "환시가 안 보이게 되어서 다행이다."라며 진심으로 기뻐해주었습니다. 제가 쓴 책에서 환시에 괴로워했던 시기의 이야기가 강하게 인상에 남았기 때문이겠죠. 저와 같은 병을 앓는 사람과 그 가족들에게서는 "나빠지는 것만은 아니라는 희망을 품게 되었다."라는 말도 들었고요.

나아졌던 증세가 다시 악화되었다고 하면 친구들이 마음 아파하지 않을까, 같은 병을 앓는 이들이 실망하지는 않을까….

고민 끝에 희망을 전하기 위해 제 병을 공표했는데, 정반대되는 일을 하려니 꼭 배신하는 것 같아서 망설여졌습니다.

또한 제 이야기에 많은 이들이 귀를 기울여주는 이유가 '지금 환각(환시, 환청)을 겪지 않기 때문이지 않을까.'라고 생각하기도 했습니다. 취재에 응했다가 "지금은 환각이 없으신 거지요?" 하고 확인하는 듯한 질문을 종종 들었기 때문입니다. 그래서 자꾸 이런 의문이 떠올랐습니다. 그런 질문에 '환각이 있다'고 답해도 나를 향한 신뢰도와 태도가 전과 똑같을까?

"에잇!" 하고
한 발 디뎠더니

강연에서 불특정 다수를 상대로 이야기할 때 내 말을 의심하는 사람이 나오진 않을까?

또 상상조차 못 했던 오해나 억측을 받게 될까?

아무리 억눌러도 자꾸 떠오르는 의문을 '그럴 리 없다.'라며 부정했지만, 그래도 호흡이 가빠지고 몸은 부자연스럽게 경직되었습니다.

사회적인 발언을 하는 이를 탐탁지 않게 여기는 사람은 반드시 있는 법이라고 알고 있었습니다. 그럼에도 저는 그런 이들의 말에 지쳐갔습니다. 병을 공표하고 1년 동안, 저는 환시를 부정한 것으로 여기거나 환시에 거부감을 느끼는 사람을 몇 차례나 직접 경험했습니다.

저는 한참 전에 환시를 향한 부정적인 시선에서 자유로워진 줄 알았는데, 착각이었을 뿐입니다. 역시 나는 겁쟁이라는 꼬리표를 떼지 못했구나, 새삼 깨달았습니다.

그럴 때 생각해서는 안 됩니다. 생각을 멈추고 "에잇!" 하며 과감히 한 발 디뎌봐야 합니다.

저는 강연을 하던 단상에서 "지금도 환시가 보입니다."라고 말했습니다. 무대에서 연극을 하듯이, 대수롭지 않은 듯이 가볍게.

타인을 연기하니 목구멍이 막히지 않고 말이 무사히 바깥으로 나갔습니다. 일단 말해버리니 목구멍을 틀어막았던 무거운 것들이 녹아서 사라졌지요.

두려워했던 일은 일어나지 않았고, 저는 사람들이 있는 그대로 받아들여준다는 사실을 알았습니다.

불안의 대부분은 실체가 없는 것입니다.

갑자기 숨어드는
이물

환시 자체에는 아무런 죄가 없고, 저도 이제는 그리 두려워하지 않습니다. 상태가 좋으면 환시는 별로 보이지 않습니다. 이따금 환시가 자주 나타나는데, 그럴 때는 뇌와 몸의 컨디션 난조가 느껴집니다. 뇌가 생각대로 일하지 않을 때가 늘어나고 실수가 잦아집니다. 몸 상태가 나빠지고 기분도 좋지 않아서 외출하기가 어려워지지요. 그래서 가고 싶었던 모임에 빠지고, 놀러 가는 것조차 망설입니다. 몸이 약해지면 일어나는 대상포진처럼 '병세'라는 말이 세력을 넓혀서 얼얼한 통증이 느껴집니다. 정말 피하고 싶은 일입니다.

더욱이 환시는 제어도 예측도 판별도 불가능하여 무척 까다로운 상대입니다.

예전에 한산한 유라쿠초역有楽町駅의 지하보도에서 질주하는 커다란 쥐를 발견한 적이 있습니다. 보자마자 '환시인가?' 의심했는데, 한참을 지켜보니 쥐는 모퉁이를 돌아 모습을 감췄습니다. 전철역에 쥐가 있을까 의아했지만 달리는 환시를 본 적은 없었기에 진짜였을 것이라 생각하고 받아들였지요.

그 일을 지인에게 이야기하자 지인은 눈이 휘둥그레져서 "아냐, 환시겠지." 하며 부정해버렸습니다. 아무리 유라쿠초가

번화한 곳이라도 쥐가 한두 마리 있을 법하지만, 진짜라고 확인할 방법도 증명할 방법도 없었습니다. 그때 처음으로 '뭐야, 아픈 사람의 증언은 압도적으로 불리하잖아.'라고 생각했습니다. (환시인지 진짜인지 사진을 찍어보면 확인할 수 있지 않느냐고 친구가 말한 적이 있습니다. 하지만 환시는 교통사고처럼 갑자기 나타나기 때문에 머리에 자동차의 블랙박스라도 달지 않는 한 사진을 찍기는 어려울 것 같습니다.)

제 세계 속에 '현실'로서 갑자기 숨어드는 이물. 나타나지 않을 수 있다면 그리해주면 좋겠습니다. 왜 뇌가 굳이 이처럼 수고로운 일을 하는지, 저는 모릅니다. 그 이물을 어떻게 받아들여야 할지, 지금도 앞으로도 답이 나올 것 같지는 않습니다.

통제의

안과 밖

가끔 이런 생각을 합니다. '같은 병에 걸려 나보다 병세가 진행된 지인처럼 언젠가 나도 모든 환시를 현실이라 믿어버리고 환시에 둘러싸인 채 살아가게 될까?'

저는 '그건 그것대로 좋잖아.'라며 멋지게 폼 잡는가 하면, '아냐, 내 세계니까 내가 제대로 장악할 거야. 늘 내 세계의 주인이고 싶어.'라며 불만스러워하기도 합니다. 장악하려 한들 환시는 애초에 통제 영역 밖에 있는데 말이지요….

50대 중반쯤 되면 건강한 사람도 이런저런 능력이 쇠퇴하게 마련입니다. 부모님과 함께 나이를 먹으면서 노화 역시 컨트롤 영역 밖에 있다는 사실을 깨달을 기회가 늘어났습니다. 누구나 나이를 먹고 쇠락할 수밖에 없건만, 노화 역시 갑자기 등장한 이방인 같습니다. 어떻게 받아들여야 할지도 모르겠고요.

저는 아무리 뇌와 몸이 쇠락해도 제 세계의 고삐를 계속 쥐고 있으려 합니다. 저의 이런 집착은 언제 어떻게 결말을 맞이할까요? 보잘것없는 고삐 따위 놓아버리고 오로지 타인을 위해 살아가는 사람을 보면 '나는 도저히 못 이기겠다.' 하는 생각이 듭니다.

음,

어느 쪽이지?

"히구치 씨는 어떤 돌봄이나 간호를 받고 싶으신가요?"

어느 날, 강연장에서 질문을 받았습니다. 병세가 진행된 제 모습을 상상하려는데, 갑자기 얼어붙은 듯이 굳어서 아무 생각도 나지 않았습니다. 부자연스러운 긴 침묵 끝에 저는 간신히 말했습니다. "생각하고 싶지 않아요." 질문자의 곤혹스러운 표정이 보였습니다.

'아, 이렇게 많은 사람들 앞에서, 이렇게도 간단히 내 민낯이 드러났구나.' 평소의 모습과 달라 보이기 위해 외출할 때 늘 쓰는 베레모와 오렌지색(인지저하증에 대한 계몽을 상징)[11] 숄도 나를 완전히 덮어 가리지 못한다는 것을 알았습니다.

저는 제가 항상 무언가와 무언가 사이에 걸려서 누구도 되지 못한 것 같다고 느낍니다. 그렇게 불안정한 저를 시험하듯이 오늘도 벌레가 눈앞을 날아다닙니다. 저는 '음, 어느 쪽이지?'라며 한 마리 벌레를 매일매일 새로운 듯이 바라봅니다.

11 　일본에서 오렌지색은 인지저하증 당사자 지원을 상징한다. '세계 알츠하이머의 날'인 매년 9월 21일을 전후하여 일본의 지자체들에서는 인지저하증에 대한 인식 개선을 위해 오렌지색 조명을 켜고, 인지저하증에 대응할 교육을 받은 이들에게는 오렌지색 팔찌를 주기도 한다.

시간과 공간을
헤매다

내 가　시 간 을
잃 어 버 려 도

　앞서 적었듯 저는 한동안 무척 상태가 좋았습니다. 환시도
나타나지 않았지요. 그 사실이 기뻐서 당시 출간했던 졸저에
는 "증상이 거의 사라졌다."라고 적기도 했습니다. 그 때문인지
그 후 몇 년간 "인지기능이 저하되지 않으신 거지요?"라는 질
문을 받고 말문이 막힌 적이 종종 있습니다.

　요즘 일상생활에서 저를 가장 힘들게 하는 것은 이름조차
없는, 특수한 '기억장애'입니다. 제 설명을 조금 들은 정도로는
이해하지 못합니다.

　인지저하증 전문의조차 "처음 들어봤다."라며 깜짝 놀라는,
시간과 관련한 증상이랍니다.

시간과 세트로 묶였을 때만
나타난다

제 증상들 대부분은 환시처럼 나타났다 사라지길 반복합니다. 사라진 적 없는 증상이 두 가지 있는데, 후각 저하와 시간 감각 저하에 따른 기억장애입니다.

시간 감각의 저하 자체는 알츠하이머병에 걸린 분과 증상이 비슷합니다. 매일 아침 눈을 뜨면 전자시계부터 봅니다. 날짜와 요일을 자력으로 알 수 없기에 꼭 확인합니다. 그다음 일정을 적어둔 달력을 보며 오늘 무슨 일이 있는지 무슨 일을 해야 하는지 확인하지요. 저는 직장이 없어서 일정이 띄엄띄엄 있지만, '친구와 만남' '쓰레기 버리기' 같은 일상적인 일도 달력에 의지하고 있습니다. 오늘이 주초인지 월말인지 같은 정보도 달력을 보기 전에는 모릅니다.

아침에 일정을 확인한들 금방 잊어버리지만 벌써 몇 년이나 그랬기에 이상하다고 여기지 않고 별로 힘들지도 않습니다. 서류를 쓸 때나 슈퍼마켓에서 식료품의 제조일을 확인할 때 불편하긴 한데, 스마트폰이 순식간에 해결해줍니다. 다른 사람과 있는데 지금 몇 월인지 모를 때는 조바심이 나기도 합니다. 그럴 때는 '어린이날 뉴스를 봤으니까… 5월이다!' 이런 식으로 몇 월인지 떠올린답니다.

어느 의료인이 "아, 인지저하증에 곧잘 보이는 지남력指南力[1] 장애로군요."라고 말한 적이 있습니다. 그런데 저를 괴롭히는 것은 지남력장애와 좀 다릅니다. 제 증상은 시간과 세트로 묶였을 때만 나타납니다.

내게는 기억을 엮은
밧줄이 없다

저에게는 시간의 원근감, 거리감이 없습니다. 다음 주도 다음 달도 반년 후도, 얼마나 먼 미래인지 감각적으로 차이가 없습니다. 과거도 마찬가지입니다. 물론 '다음 주'와 '작년' 같은 말의 의미는 알지만, 감각이 동반되지 않습니다. 지금부터 얼마나 시간이 흐르면 다음 주가 되는지, 다음 달이 되는지, 짐작할 수가 없지요.

본 적 없는 과일의 이름을 안다고 해서 크기, 무게, 감촉, 맛, 냄새를 상상할 수는 없듯이 저는 시간이 과거에서 미래로 흐르는 걸 알면서도 그 시간을 느끼지 못합니다. 시간을 표현하는 말에서 의미가 사라진 것입니다.

---

1 현재의 시간과 장소, 내가 처한 상황과 환경 등을 올바르게 인식하는 능력.

시간의 흐름을 생각해보면 저는 짙은 안개 속에 홀로 서 있는 듯한 느낌이 듭니다. 앞으로 이어질 미래도, 뒤에 있었을 과거도, 짙은 안개에 가려져 보이지 않습니다. 안개 속에 '있다'는 것은 알지만, 과거의 사건도 미래의 예정도 보이지 않고 존재를 느낄 수도 없습니다. 항상 길 잃은 미아인 듯한, 기댈 곳 없는 듯한 감각에 사로잡혀 있습니다.

시간이라고 하는 한 줄의 긴 밧줄이 있습니다. 그 밧줄에는 추억의 사진이 빈틈없이 매달려 있습니다. 밧줄을 잡아당기면 사진이 차례차례 제 손에 들어옵니다. 밧줄에는 시간의 눈금이 있어서 사람은 그 눈금을 보고 순식간에 필요한 만큼 당깁니다. (먼 과거일수록 애매하긴 하지만요.) 필요한 과거를 자유자재로 꺼내 볼 수 있는 것입니다.

저에게는, 그 밧줄이 없습니다.

과거에 있었던 일이 문득 떠올라 '언제 적 일이지?' 생각해보면 당시의 대화, 복장, 풍경, 음식 등이 기억납니다. 그래서 계절은 추측할 수 있지만 몇 월인지는 모릅니다. 몇 년 전인지도 명확히 모르고요.

수첩에 쓴 단어를 보면 무슨 일이 있었는지 세세하게 기억납니다. 하지만 수첩과 일기를 보거나 다른 사람과 얘기하다 우연한 계기로 떠올리지 않는 한, 과거의 일은 존재하지 않는 것처럼 느껴집니다. 사라진 것이 아니고, 기억나지 않는 것도 아닙니다. 다만 짙은 안개 속에 있기에 끄집어내기 전에는 눈에 보이지 않는 것입니다.

한때는 과거에 있었던 굵직한 일들을 노트에 적어서 시간 순서를 파악하려 했지만 잘되지 않아서 그만두었습니다.

나를 지탱해주는 것

그럼에도 '지금'만은 유일하게 실감할 수 있다. 내 손에 쥘 수 있다. 오늘이 몇 월 며칠 무슨 요일인지는 몰라도, 월초인지 월말인지 몰라도, '지금' 바로 오늘은 확실히 여기에 있다. 나 역시 여기에 분명히 존재하고 있다….

이렇게 생각했던 시기가 있었는데, 그 생각도 조금씩 부옇게 흐려진 것 같습니다.

보이지 않는 미래를 전망할 수 없으니 장래의 꿈을 그리거나 계획을 세우기가 어렵습니다. 시간 분배를 할 수 없고 몸 상태의 변화도 예측할 수 없기 때문에 지금 눈앞에 있는 한 가지 일에 (주로 글쓰기) 한눈팔지 않고 전력을 다하는 식으로 생활이 단순해졌습니다. (동시에 여러 일을 하면 혼란스럽거든요.) 한 가지 일이 끝나면 그다음 보이는 일에 전력을 다해 착수합니다. 이 과정만 반복하는 사이에 몇 년이 지나갔지요. 다만 아무래도 내구성이 떨어지는 뇌라서 몇 년간 썼다 해도 글이 얼마 되지는 않습니다.

이런 저 자신이 대체 무엇인지, 저는 모릅니다. 앞으로 어떻게 될지도요. 그런 상황이지만 지금 내 눈앞에 해야 할 일이 있다는 것, 그리고 내가 그 일을 있는 힘껏 한다는 것, 바로 이런 것들이 저를 지탱해주고 저에게 힘을 줍니다. 글쓰기는 제 병든 뇌가 분발해 일어나도록 하고, 잠들었던 세포를 두들겨 깨워서 구석구석 풀가동을 시킵니다.

이 책의 원고를 웹 매거진에 연재하는 2년 반 동안 '주7일, 오전에 원고를 쓴다.'라고 정해두었습니다. 저기압인 날에는 뇌와 몸 상태가 나빠서 좀처럼 글이 써지지 않고, 컨디션이 호조인 날도 집중해서 머리를 쓰면 금세 두통이 일거나 뇌가 부은 듯한 느낌이 들어서 꼼짝할 수 없습니다.

그럴 때는 뇌에 휴식을 주기 위해 산책을 나갑니다. '어린잎이 이렇게나 아름다운 거였나….' 매일매일 이렇게 감탄합니다. 꽃들은 차례차례 순서에 맞춰 피어나 계절의 흐름을 보여줍니다.

저는 시간을 잃어버렸지만, 풀과 꽃과 나무를 기억하고 있습니다. 그들은 말없이 매일매일을 알려줍니다. 그렇다면 이대로도 괜찮다고 생각하면서 저는 봄바람 속을 거닙니다.

사 막 을
걸 어 가 기

저의 시간 감각에 일어난 이변을 처음 눈치챈 것은 레비소체 인지저하증 진단을 받던 무렵이었습니다. 스크랩해두려다 잊어버린 신문 기사를 찾고 있었습니다. '최근' 기사인 건 확실한데 정확한 날짜가 생각나지 않았습니다. 그래서 7일 전, 6일 전, 5일 전 순서로 신문을 뒤적이다 바로 전날 신문에서 기사를 찾아냈습니다. 그때 처음으로 제 시간 감각이 이상해졌다는 걸 알았지요.

진단을 받고 수년 동안은 불편한 일이 그리 많지 않았습니다. 일하지 않고 집에서 조용히 지냈기에 수첩조차 필요 없었던 것입니다.

그러던 어느 해. 12월이 되었는데 아무런 감흥이 일지 않아 깜짝 놀랐습니다. 그때껏 저는 매년 12월이 되면 새해가 될 때까지 이런저런 일을 하느라 쫓기듯이 바쁘게 지냈었지요.

그 이듬해에는 12월 31일도 1월 1일도 평일과 마찬가지로 느껴졌습니다. 세밑이 되었다는 감개라곤 전혀 없이 '올해는 어떤 해였더라?' 생각하며 1월부터 순서대로 돌이켜보려 했습니다. 그런데 1월부터 3월까지 아무것도 떠오르지 않았고, 소름이 돋아 이내 그만두었습니다.

'이게 바로 기억장애인가!'

그때까지 저는 '시간 감각이 이상해졌지만 기억은 나니까 나는 기억장애가 아냐.'라고 태평하게 생각했습니다.

인지기능검사를 주기적으로 받았지만, 검사 직전에 스마트폰으로 날짜를 확인해서 늘 정답을 맞혔습니다. 인지기능검사에서 애먹는 건 '100 -7' 같은 뺄셈뿐이었고, 그 외에 '벚꽃, 고양이, 전철' 같은 답은 전부 외우고 있었습니다.

사막에서

반지 찾기

제 뇌기능은 몸 상태에 따라 변합니다. 몸 상태가 나쁘면 뇌도 제대로 일하지 못합니다. 그럼에도 오랫동안 제 기억력이 남보다 못하다고는 별로 의식하지 않았습니다.

"그게 언제 적 일이에요?" 이런 질문을 받지 않는 한 제 기억이 이상하다는 사실은 (가족 외) 누구에게도 들키지 않았던 것입니다.

다만 미래의 일정은 어떻게 해도 기억하지 못합니다. 사막 한가운데에서 "여기에는 반지, 저기에는 금괴를 묻었어." 하는 말을 들어봤자 정확한 위치를 기억할 수 없듯이 저는 이번 주에 다음 주에 다음 달에, 언제 무엇이 예정되어 있는지 모릅니다. ○월 ○일이라는 숫자는 마음먹으면 외울 수 있습니다. 하지만 의미 없는 기호 같아서 제대로 파악했다는 느낌이 들지 않고 이내 잊어버리고 맙니다. 늘 여름인 나라에서 사는 양 저에게는 7월 1일도 12월 1일과 똑같습니다.

어쩌다 중요한 용무가 매주 있으면 일정을 관리하다 막다른 길에 몰리곤 합니다. 각 용무의 시간적 전후 관계도, 사무적인 절차가 어디까지 진행되었는지도, 전부 한데 뒤섞이는 것입니다. 일정 관리와 사무 처리를 대신해주는 사람도 없기에 모두 제가 하고 있습니다. 실수하지 않도록 일정표를 만드는 등 이런저런 방법을 강구해보지만 잘되지 않습니다. 항상 혼란에 빠지고 불안을 떠안은 채 지쳐 쓰러지지요.

가족들도 "(용무라곤 일주일에 하나밖에 없고 준비도 단순한데) 뭐가 그렇게 큰일이야?"라며 의아해합니다. 지금 저에게는 주5일로 일하며 동시에 여러 프로젝트를 해내는 사람들이 초능력자처럼 보입니다.

메모지와 타이머로
나를 지키다

제 시간 감각만 믿고 외출 준비를 했다가 두 번 연속 지각한 적이 있습니다. 그 뒤로는 외출 준비부터 집을 나서기까지를 세세하게 시간표로 만들기 시작했습니다. 전철 타는 시간, 집에서 나가는 시간, 문단속하는 시간, 몸단장을 시작하는 시간 등을 종이에 적고 그걸 보면서 준비합니다. 그러지 않으면 시간을 잘못 역산하는 바람에 분명 넉넉한 줄 알았던 시간이 어느새 사라져 있곤 합니다.

그러던 어느 날, 또 지각해버렸습니다. 이유는 전혀 모릅니다. 예정대로 전철에 타고 길도 헤매지 않고 목적지에 도착했는데 지각이었지요. 마치 시간을 도둑맞은 것 같았습니다.

저는 18시를 8시라고 생각하거나 시작 시간을 잘못 아는 등, 시간에 관해서는 종종 착각을 합니다. 50분 뒤에는 몇 시일까, 같은 계산도 어렵고요.

강연이 있는 날에는 꼭 커다란 타이머를 가지고 나갑니다. 강연을 시작하면 타이머의 버튼을 눌러서 제가 몇 분이나 이야기했는지 확인합니다. 카운트다운처럼 시간이 줄어드는 방식은 쓰지 않습니다. 오히려 머리가 혼란스러워서 남은 시간을 알 수 없거든요.

한번은 타이머를 집에 두고 나간 탓에 무척 고생했습니다. 13시 10분부터 40분간 강연이라고 들었지만, 시계만 봐서는 시간이 얼마나 흘렀는지 전혀 알 수 없었습니다. 그 뒤로는 준비물 목록을 만들어서 타이머를 빠뜨리지 않고 있습니다.

"나는 지금 힘듭니다."라고 목소리를 높이자

사람들 앞에서 정신 똑바로 차려야 해, 맡은 일을 실수 없이 해내야 해. 늘 이렇게 생각해왔습니다. 하지만 눈이 나쁜 사람이 잘 보이는 척하며 달리는 듯한 위태로움, 부자연스러움이 저에게 있음을 스스로도 알고 있습니다.

시간 감각에 이상이 있다는 것을 숨길 마음은 없었습니다. 그저 이 증상을 이해시키기가 어렵기에 설명하기를 포기하고 사람들에게 거의 이야기하지 않았을 뿐이지요. 그런데 "환시와 자율신경장애 말고는 불편한 점이 없으신 거지요?"라는 질문을 받는 일이 늘어나면서 제 손으로 판 함정에 빠진 셈이 되었음을 깨달았습니다.

"나는 지금 힘듭니다."라고 말하려면 용기가 필요합니다. 필사적으로 입 밖에 낸들 "나도 그 정도는 힘들어." "그렇게 안 보이는데." 같은 말이 돌아오기 때문입니다. 제가 이야기하는 모습만 본 어느 의료인이 "아무 문제가 없잖아." 하고 일방적으로 단정한 적도 있습니다.

온 힘을 쏟아 집중해도 실수를 저지릅니다. 제가 뭔가 이상한 언동을 하면, 스스로는 뭐가 이상한지 몰라도 주위의 반응으로 알 수 있습니다. 아무도 뭐라고 하지 않았는데도, 아니, 아무도 말하지 않기 때문에 더더욱 견디기 어렵습니다.

병 때문에 조금씩 청력을 잃은 분이 이런 얘기를 한 적이 있습니다. "전혀 들리지 않게 되었을 때보다 어느 정도 들렸던 난청 시절이 더 괴로웠습니다."

'할 수 없는 일보다 할 수 있는 일이 훨씬 많으니까 그래도 괜찮다'고 할 수는 없습니다. 젊어서 뇌에 병이 들고, 직장에서 실수를 연발하며, 점점 궁지로 몰리는 고통은 매우 심각합니다. 뇌가 병든 사람도 장애를 지닌 사람도 계속 일할 수 있도록 대책과 지혜를 모아 다 함께 공유한다면 얼마나 편해질까요. 그런 방식으로 일을 계속하는 동료들이 점점 늘어나고 있습니다.

아름다운 실로
짜여가는 시간

시간 감각이 저하되며 일어난 것은 특수한 기억장애뿐이 아닙니다. 제 감정과 성격까지도 변했습니다.

그리운 친구와 만날 약속을 하고 "이제 3주 남았네. 벌써 두근거려." 하는 연락을 받았습니다. 저는 기쁨보다 불안을 먼저 느꼈습니다. 친구와 만나는 건 물론 기뻤지만 느닷없이 등장한 '3주'라는 단어가 제 머릿속을 점령해버린 것입니다.

'어, 3주? 3주가 얼마나 길더라?'

초조하고 당황한 탓에 뇌는 재회를 상상하는 것으로 나아가지 못했습니다.

그럴 바에는 시간 따위 잠깐 잊고 그냥 재회하는 장면만 상상하면 되지 않느냐고 할지도 모르겠습니다. 저도 알지만, 그러기도 어렵습니다. 짙은 안개에 숨은 미래를 상상해보려 해도 구체적인 장면이 구성되지 않습니다. 마치 투명한 캔버스에 그림을 그리는 듯한, 막연함만 느껴지지요.

'그때가 언제였더라?' 하며 과거의 일을 제 힘으로 떠올리려 하면, 항상 뇌가 단단히 죄이는 듯한 불쾌함과 고통이 느껴져서 금방 지쳐버립니다. 미래를 상상할 때는 뇌가 죄이는 느낌도 없는데 왜 상상할 수 없는지 이해가 안 돼서 망연자실합니다. 꼭 풀리지 않는 방정식을 붙들고 있는 것 같지요. 그런 상황에 생생한 감정이 싹틀 수는 없습니다. 병 때문에 감정마저 평탄해진 것이냐며 저 자신에게 질리기도 했습니다.

왜 이별이
쓸쓸하지 않을까

그 뒤 성실한 친구가 "앞으로 보름." "이제 일주일." 하고 알려주었을 때도 마찬가지였습니다. '점점 약속이 다가온다'는 감각이 텅 빈 구멍처럼 쑥 빠져 있었습니다. 약속 전날 아침에 달력을 보고는 처음으로 '와, 내일이구나. 이제 금방이야!'라고 마음이 두근대기 시작했을 정도입니다. (매일매일 하루에도 여러 번 달력을 보건만 아침에 '오, 오늘이 이달 마지막 날이구나.' '오늘부터 새달이구나!' 하고 종종 놀랍니다.)

약속 당일. "와, 오랜만이야!" …이런 감정이 들지 않았습니다. 전혀요. 물론 기쁘지만 친구가 "바로 며칠 전에 봤잖아." 하면 그대로 믿어버릴 것만 같았습니다. 예전에도 속마음을 터놓고 지내는 오랜 친구와 만나면, 그 순간 시간을 뛰어넘은 듯한 느낌이 들곤 했습니다. 지금은 누구와 만나도 그런 감각에 사로잡힙니다.

"다음에 봐."라며 헤어질 때도 쓸쓸함을 느끼지 않게 되었습니다. 다음에 만날 때까지 얼마나 긴 시간이 있을지 상상할 수 없기 때문입니다. 어릴 때부터 사람과 이별하길 힘들어하던 저는 사라졌습니다. 아쉬워하며 작별하던 저를 기억하는 지인들은 기묘하게 생각하겠지요.

시간은 시계처럼
나아가지 않는다

요즘은 특정한 사람을 떠올릴 때 그 사람과 마지막으로 언제 만났는지 기억해내지 못합니다. 가령 몇 년이나 안 만났다 해도, 오랫동안 안 봤다는 생각이 들지 않습니다. 지금도 제마음은 그 사람과 마지막으로 만났던 때와 무엇 하나 바뀌지 않은 것 같습니다.

'오래 안 봐서 사이가 멀어져버렸다.'라는 생각도 들지 않으며, '한참 못 만나서 그립다.'라는 감정도 그다지 느끼지 않습니다. 특히 가까운 사람들은 언제 떠올려도 바로 얼마 전 만난 것 같습니다.

어찌 보면 젊은 시절 사별한 친구에게 품는 감정과 조금 비슷하겠습니다. 친구가 세상을 떠나고 10년 정도 지나니 살아 있든 죽었든 별다른 의미는 없다고 생각하게 되었습니다. 10년 동안 만나지 않은 지인은 사별한 친구 말고도 잔뜩 있습니다. 오히려 고인은 매년 추억하니 살아 있는 지인들보다 가깝다고 할 수 있지요. 그런 관계에서는 시계의 시침이 가리키는 것과 다른 시간이 흐릅니다.

한때는 '시간과 기억'이 '밧줄과 사진' 같다고 생각했습니다. 그렇지만 생각해볼수록 시간은 똑바른 직선이 아니며, 한 방향으로만 흐르지 않는다는 것을 깨달았습니다.

사람의 시간은, 기억과 떼려야 뗄 수 없습니다. 수많은 실이 섬세하고 복잡하게 얽히고설킨 끝없는 그물과 같지요. 그 그물은 늘어나고 줄어들고 넘실거리고 뒤틀리는 와중에 항상 새롭게 연결되며 마치 생물처럼 끊임없이 변화합니다.

제 손에 있는 시간이란 태어나서 죽을 때까지 한정된 짧은 기간에 불과합니다. 그렇지만 제 시간은 헤아릴 수 없이 많은 타인의 시간과 복잡하게 연결되어 있습니다. 그래서 제 시간이 종료된다 해도 제 시간과 타인의 시간이 만들어낸 그물은 끊기지 않고 계속해서 넓어지리라 생각합니다.

뇌가 고장 나서 짙은 안개가 낀 탓에 저에게는 시간의 그물이 잘 보이지 않습니다. 하지만 그 그물은 아마 안전할 것입니다. '안 보이면 큰일인데. 떨어지기라도 하면 어쩌지.' 이렇게 생각하면 불안해지기도 초조해지기도 합니다. 하지만 고인을 포함해 수많은 사람, 사물, 사건과 (의식할 수 없어도) 연결되어 있을 테니, 그물에서 떨어지는 무서운 일은 일어나지 않을 것 같습니다. 시간의 그물에 몸을 내맡기고 있으면 괜찮을 것입니다.

'잊어버림'은
기억장애와 다르다

젊어서 알츠하이머병이 발병한 친구 단노 도모후미丹野 智文 씨[2]가 자신이 겪은 일화를 들려준 적이 있습니다. 단노 씨는 알츠하이머병에 걸렸지만 이것저것 전부 잊어버리지는 않았습니다. 그런데 어느 아침, 자신이 커피를 내린 사실을 잊고 아

2 　자동차 영업사원으로 일하다 39세에 알츠하이머병 진단을 받았지만, 회사를 그만두지 않고 일하면서 인지저하증 당사자를 위한 활동을 하고 있다. 지은 책으로 『그래도 웃으면서 살아갑니다』(단노 도모후미·오쿠노 슈지 지음, 민경옥 옮김, 아르테 2019) 등이 있다.

내에게 고맙다고 말했다 합니다.

"아니야… 커피 내린 사람은 당신이긴 한데."

아내분이 천진하게 웃으면서 말하기에 단노 씨도 절로 웃음을 지었다고요.

사실 저도 비슷한 일을 경험했습니다.

밤늦게 퇴근한 남편을 위해 서둘러서 저녁상을 차리다가 일어난 일입니다. 식탁에 수저를 놓는데 전자레인지에서 땡 소리가 울렸습니다. 저는 남편이 무언가 반찬을 데운 줄 알고 "아, 고마워."라고 말했습니다. 그러자 남편은 "어? 내가 한 거 아닌데."라고 했지요.

남편은 "누구든 무의식중에 한 일은 잊어버리잖아."라고 했습니다. 저는 납득할 수 없어서 당신이 잊어버린 것 아니냐고 했지만, 아니라고 하더군요.

그때 저는 기억장애와 '잊어버림'은 서로 성질이 다르다고 생각했습니다. 기억장애는 '잊어버리는 것'이 아니라 그 '시간'이 존재하지 않는 것입니다. 영화의 필름 중 일부를 잘라낸 것처럼요.

"있었는지 없었는지, 잘 모르겠네." 기억장애는 이렇게 말하지 않습니다. "그런 일 절대로 없었어!" 이처럼 확신을 품고 말하는 것이 기억장애입니다.

그 때문에 건강한 사람의 '잊어버림'을 기준으로 기억장애에 대응해도 소용없습니다. 여러 번 말하면 잊지 않을 거야, 당사자가 노력하면 기억할 수 있어, 질타하고 격려하면 생각날 거야… 이럴 리 없다고 생각합니다.

그럼에도 대부분의 경우 교묘하게 시간을 도둑맞은 '피해자'가 주위에서 책임을 추궁당하고 '가해자'로 취급됩니다. 아무리 호소해도 '병의 증상'이라는 말로 정리되며 '병을 자각하지 못한다'는 딱지가 붙는 것입니다.

아름다운
보수 작업

앞서 저는 "시간의 그물에 몸을 내맡기고 있으면 괜찮을 것"이라고 적었지만, 알츠하이머병 당사자는 매일매일 그물에 작은 구멍이 뚫리기 때문에 그처럼 태평한 말은 할 수 없습니다. 알츠하이머병 당사자들이 느끼는 당혹, 불편, 불안은 상상을 초월합니다. (그럼에도 제 친구는 메모와 노트를 이용해서 회사 일과 강연 활동을 계속하고 있습니다.)

고령에 병세가 많이 진행된 분 중에는 시간여행을 하듯이 연령이 바뀌어 감쪽같이 젊었던 시절로 돌아가는 경우가 있습니다.

말기 상태였음에도 위에 관을 삽입해 적절한 약물 치료를 받은 덕에 극적으로 회복한 90대 여성(레비소체 인지저하증 당사자)이 있습니다. 그 여성이 "집에 가고 싶어. 집에 가서 엄마를 도와야 해."라고 또박또박 이야기하는 영상을 보았는데, 가슴이 먹먹해졌습니다. 첫사랑을 이야기하는 '스무 살' 할머니가 수줍어하는 모습을 보았을 때는 감탄했지요. 인간이란 어쩜 이렇게 신비롭고 대단할까요.

그물에 난 구멍이 넓어져 위험이 닥치면, 무척 낡았지만 가장 아름다운 실(시간과 기억)이 천천히 한데 모여들어 그 구멍을 메워주는 것 아닐까요.

이 상 한   나 라 로
빠 져 들   때

그것은 언제나 예고 없이 찾아듭니다. 몸에 문제가 없는 날, 기분이 나쁘지 않은 날도 가리지 않습니다. 컨디션이 저조해지는 비 내리는 날이라고 꼭 오지도 않고요. 대수롭지 않은 일상 속에서 갑자기 머리 위로 떨어지는 우주선처럼….

멍하니 걷지 못하는
이유

두 달에 한 번씩 수년 동안 다닌 병원에 가던 날이었습니다. '빵집을 지나치고 좌회전.' 저는 매번 의식적으로 저만의 이정표를 확인합니다.

방향과 장소에 대한 제 감각을 믿을 수 없게 된 뒤로, 길을 꺾으면서 이정표를 찾는 게 버릇이 되었습니다. 모퉁이를 돌 때마다 무엇이 있었는지 기억해두는 것이지요. '편의점을 오른쪽에 두고 좌회전.' 같은 식으로요.

의식만 잘하면 기억하는 것은 그리 어렵지 않습니다. 이정표를 떠올리면 집에 돌아가는 길도 별로 어렵지 않지요.

단, 의식하지 않으면 기억에 남지 않습니다. 그 때문에 멍하니 걸을 수 없게 되었습니다. 낯선 곳을 걸을 때는 직진하면서도 계속 여기저기 관찰하고 기억하려 합니다. 누군가를 따라다니면 그럴 필요가 없는데, 그때마다 '이렇게 편할 수가!' 하며 놀랍니다.

'인지저하증에 걸리면 쉽게 피로해진다'고 합니다. 저도 극단적으로 잘 지치는데, 자율신경장애가 주된 원인이라고 봅니다. 그와 더불어 저하된 능력을 보충하기 위해 뇌가 쉼 없이 일하는 것 역시 원인이 아닐까, 길을 걷다 생각했습니다.

첫 번째
미스터리 투어

───────────

병원에 가려고 여느 때처럼 '빵집을 지나치고 좌회전'을 했습니다. 좁은 골목 입구에는 낯익은 빨간 선거 홍보 포스터가 여러 장 붙어 있었지요. 그런데 저 앞에 본 적 없는 집이 눈에 들어왔습니다.

'어? 두 달 만에 집을 지었나? 전에 공사하고 있었던가?'

기억 속에서 공사 중인 집을 끄집어내지 못한 채 걸어가는데 암만 해도 풍경이 달랐습니다.

'전부 처음 보는 집 같아. 분명 이쯤에 쌀집이 있었는데… 뭐지?'

또 뭔가 이유를 알 수 없는 실수를 저질렀나 하는 불안이 고개를 내밀었습니다.

'하지만 분명히 빵집 지나치고 좌회전을 했어. 길을 틀리지는 않았는데.'

낯익은 집은 나타나지 않았고 걸어가면 갈수록 당혹감이 번지며 자신감이 사그라들었습니다. 그 순간 눈앞에 처음 보는 쇠퇴한 거리의 풍경이 펼쳐졌습니다. 먹구름이 드리웠는지 갑자기 어두워진 것 같기도 했지요.

'아냐! 이런 길은 지나간 적 없어.'

잘못을 깨달음과 동시에 스스로에게 소름이 돋았습니다.

'어디서 잘못 들어선 거지. 좌회전하는 길이 더 있었나? 왜 틀렸지? 확인한 줄 알았는데 실은 멍하니 있었나? 아냐, 그러진 않았어. 빵집을 옮겼나? 건물을 통째로? 그럴 리도 없어.'

이것저것 진지하게 고민하면서 길을 되짚어 삼거리까지 돌아가니 눈앞에 빵집이 보였습니다. 애초에 제가 바른 길로 갔던 것입니다.

'이게 뭐야? 병 때문인가? 이런 증상이 있다고?'

믿기지 않아 어리둥절한 채 돌아온 길로 다시 들어섰습니다. 이번에는 여러 번 다녀서 익숙한 거리가 눈에 들어왔습니다. 방금 전에 보았던 풍경과 전혀 다른 낯익은 거리가 병원까지 이어진 것입니다. 처음 경험해보는 일이었습니다.

갑자기 대지가 흔들리고, 세계가 변하다

"그냥 착각한 거 아냐?"라는 말을 들을 때가 있습니다. "나도 그런 적 있어."는 친구들이 종종 하는 말이지요. 사실 저도 어디까지가 50대에 흔한 착각과 건망증인지, 어디부터가 레비소체 인지저하증 특유의 주의장해인지, 아니면 그 외 다른 증상인지, 잘 모르겠습니다. 그저 제 생활에서 이따금 저조차 이해하지 못할 터무니없는 착각과 실수가 아무런 예고 없이 일어난다는 건 확실합니다.

내가 지금 어디 있는지 갑자기 알 수 없게 되는 경험은 사실 병원에 가던 그날 처음 겪은 게 아닙니다. 전에도 몇 차례 있었지요. 원인을 특정할 수는 없고, '알 수 없게 되는 방식'도 여러 가지입니다.

집 근처 도서관에 가던 날의 일입니다. 모퉁이를 돈 순간, 풍경은 변하지 않았는데 제가 어디 있는지 도저히 알 수 없게 되었습니다.

'도서관이 어느 쪽이지? 이 길은 어디로 이어지는 거야? 애초에 이 거리는 대체 어떻게 생겨먹은 거지?'

제 머릿속에서 거리의 지도가 깨끗하게 사라져버렸습니다. 허둥지둥 주위를 둘러보았는데, 늘어선 건물들이 전과 같은 듯 어딘가 달랐습니다. 눈에 보이는 방식이 왠지 이상했던 것입니다. 시간과 공간이 일그러진 듯, 다른 차원으로 떨어진 듯…. 현기증은 일지 않았는데 머리가 흔들리는 것 같았습니다.

방금 전까지 분명히 있었던 세계가 사라졌습니다. 지금 내가 있는 세계, 공간이 어디에서 온 것인지, 왜 여기에 있는지, 하나도 알 수 없었습니다. 그 자리에 못 박힌 듯 발이 움직이지 않았지요.

자신이 있는 세계를 현실로서 느끼지 못하면, 자기 자신의 존재 역시 흔들려 불확실해집니다. 가만히 있던 대지가 갑자기 미친 듯이 분노하며 요동칠 때의 감각과도 좀 비슷합니다.

그 이변은 감각적으로 꽤 오래 지속되었지만 몇 분, 아니 몇

초 동안 일어난 일이었습니다. 이상한 나라는 조용히 원래의 거리로 돌아갔고, 모든 것이 아무 일 없었다는 양 제자리를 지켰습니다. 저는 아무 문제 없이 도서관에 갔고, 집으로 돌아왔습니다.

지도가 더 이상
지도가 아닐 때

그보다 더 일찍부터 나타나서 해가 갈수록 잦아지는 증상이 있는데, 바로 느닷없이 지도를 읽지 못하는 것입니다.

친구들과 만날 약속이 있어 긴자銀座의 골목을 혼자 걸을 때였습니다. 처음 가보는 길이었지만 미리 받아둔 종이 지도를 한 손에 들고 순조롭게 약속 장소 근처까지 갔습니다. '좋아, 여기서 오른쪽이지.' 하며 모퉁이를 돈 순간, 제가 지도의 어디에 있는지, 어느 길을 어느 방향으로 나아가고 있었는지 전혀 알 수 없었습니다.

'이럴 리 없어. 지금까지 지도를 보며 걸어왔잖아. 진정해!'

지도를 의심스럽게 들여다보았습니다. 처음 보는, 모르는 거리의 지도로 보였습니다. 지도와 눈앞의 풍경이 일치하지 않았지요.

'이 지도 어디에 내가 있는 거야?'

그때껏 없던 일이었습니다. '모르겠어. 다 틀렸어. 친구들한 테 못 갈 거야.' 병세가 악화되었다고 생각했습니다. 한심해, 무서워, 슬퍼. 그대로 주저앉아 울고 싶었습니다.

그렇지만 움츠려서 눈물 흘린들 아무것도 개선되지 않겠죠. 저는 정신을 다잡고 근처에 있던 사람에게 지도를 보여주면서 길을 물었고, 다행히 약속 장소에 도착할 수 있었습니다.

지금보다 지도를 잘 읽었던 시절에도 눈앞의 지도를 180도 회전시키면 뭐가 뭔지 전혀 모르게 되곤 했습니다. 제 뇌는 머 릿속에서 이미지를 빙글 돌린다는 초급 기술조차 실패하는 것입니다. 그럴 때 초조해하며 지도를 읽으려 하면 할수록 뇌 는 혼란에 빠져듭니다. 그리고 제가 마치 뼛속까지 스며드는 차가운 빗속에 버려진 강아지가 된 듯한 기분이 듭니다.

작전명
'스마트폰과 행인에게 기대라!'

어느 모임을 앞두고 주최자가 메일로 모임 장소까지 가는 약도를 보내주었습니다. 모임 당일 지하철역에서 나와 보니 그 약도는 제 기준에서 위아래가 뒤집힌 것이더군요. 저는 스마트폰을 거꾸로 들었습니다. 그런데 스마트폰 화면이 오뚝이처럼 빙글 회전하더니 약도가 원래대로 돌아가버렸습니다.

심장이 덜컹 내려앉았습니다. 한순간 '또 아무것도 모르게될 거야!' 하는 생각이 들었습니다. '진정해. 괜찮아.'라고 스스로 달랬지만 위아래가 뒤집힌 것만으로도 이미 벌벌 떨렸지요. '괜찮아. 어렵지 않아. 180도 돌아갔을 뿐이니까 여기 우회전 표시에서 좌회전하면 돼. 좌회전이면 이쪽이 맞을 거야.' 이렇게 생각했지만 왠지 눈앞의 풍경과 약도가 서로 다르게 보여서 도저히 제 판단을 자신할 수 없었습니다. 결국 지나가던 사람에게 길을 물어보았습니다.

자주 행인에게 길을 묻다 보면 이 세상에는 어쩜 이렇게 친절한 사람이 많을까 감탄하곤 합니다. 자기도 잘 모른다며 곧바로 스마트폰을 꺼내 알아봐주는 젊은 회사원이 있었고, 도중까지 함께 걸어가며 안내해준 여성도 있었습니다. 이제는 '모른다는 게 나쁘기만 한 건 아니다'라고 생각합니다.

요즘은 어딜 가든 반드시 스마트폰의 지도 앱을 사용합니다. 밖에서 우왕좌왕하지 않도록 미리 집에서 목적지의 주소를 검색해 지도 앱에 입력해두지요.

스마트폰은 뇌기능장애가 있는 사람을 위한 도구라고 해도 지나치지 않습니다. 내가 지도의 어느 위치에 있는지 둥근 점으로 표시해주다니, 꿈만 같지 않은가요.

스마트폰의 지도 역시 이따금씩 알아보지 못하지만, 큰 문제는 없습니다. 10미터 정도 걸으면 괜찮아지거든요. 조금 걸으면 현재 위치를 나타내는 둥근 점이 슬슬 움직이는데, 제가 이동한 방향과 목적지를 비교하면 '아, 반대다.' '더 위쪽이야.' '아래쪽이네.' 하며 나아가야 할 방향을 알 수 있습니다.

스마트폰의 지도 앱에는 복잡한 기능이 많습니다. 저는 최소한의 기능밖에 사용하지 못해서 수많은 편리한 기능이 아직 잠든 채 있지요. 그래도 둥근 점이 목적지로 점점 다가가는 것을 확인하며 걸어가다 가끔씩 친절한 사람에게 길을 물어보면, 저 혼자서도 어디든 갈 수 있습니다. 커다란 전철역만은 예외인데, 스마트폰을 봐도 제가 전철역의 어디에 있는지 알 수 없기 때문입니다. 그래서 전철에서 내려 역 밖으로 나갈 때까지 기나긴 여정 동안 수많은 사람에게 마구 길을 물어봅니다.

누군가 혹은 무언가의 도움 없이 종종걸음으로 최단 시간에 도착하는 것도, 스마트폰과 행인의 도움을 받으며 도착하는 것도, '목적지에 도달한다'는 점에서는 다르지 않습니다. 무슨 차이가 있을까요.

외 출 할 때 는
전 투 복 을

'머릿속으로 지도를 회전시키는 데 자주 실패한다.' 이 사소한 뇌의 오류는 생각지 못한 전개와 발견으로 이어졌습니다.

어느 날, 전철역 안에서 화살표를 보고는 '왜 천장을 가리키고 있을까?'라고 생각했습니다.

'누가, 왜, 어떻게 천장으로 갈까?'

불가사의해서 멈춰 선 채 고민해봤지요.

'천장으로 갈 리가 없잖아. 저 화살표는 뭘 뜻하는 걸까?'

전에 저런 화살표를 본 적 있었는지 떠올려보려 했습니다.

'아, 저 화살표를 90도 꺾어야 해. 쭉 직진하라는 뜻이야!'

제 뇌가 오랫동안, 묵묵히, 순식간에 해냈던 작업을 깨달은 순간이었습니다.

'뇌는 이런 일을 하고 있었구나!'

뇌의 역할에 감동했고, 발견했다는 것에 흥분했습니다.

새로운 증상이 출현하면 충격을 받을 때가 많지만, 때로는 그간 몰랐던 뇌의 역할에 놀라거나 그 발견을 기뻐하기도 합니다. 뇌의 기능이란, 그 기능을 하지 못하게 됐을 때 비로소 깨달을 수 있습니다.

그런 의미에서 뇌기능장애가 있는 사람들은 뇌의 연구에 큰 도움을 줄 수 있을 것입니다. 도움을 줄 수 있다면, 저는 행복할 테고요.

화살표는
천적

요즘도 직진을 뜻하는 화살표가 천장을 가리키는 듯이 보입니다. 하지만 '천장을 가리키는 화살표 = 직진'이라는 걸 알기 때문에 힘든 일은 없습니다. 오른쪽과 왼쪽을 가리키는 화살표도 문제없이 이해하지요.

저를 힘들게 하는 것은 비스듬한 대각선 화살표와 낚싯바늘처럼 둥글게 휜 화살표입니다. 이 화살표들도 90도 꺾어서 이해하면 된다는 것을 알기는 합니다. 하지만 복잡하게 뒤얽힌 전철역 안에서는 수많은 통로와 화살표를 연결하기가 어렵습니다. 사람들로 혼잡하고 가게들이 빈틈없이 늘어선 곳이라

면 더더욱 그렇지요. 사람도 가게도 사라지고 통로만 남는다
면 화살표를 이해할 수 있을 것 같습니다. 하지만 그럴 수는
없기에 저는 혼자 고민하다 컨디션이 나빠지기 전에 얼른 행
인에게 길을 물어봅니다.

3차원을 어떻게든 2차원으로 표현해야 한다면 차라리 바닥
에 화살표를 그리는 게 어떨까요. 아니면 통로 한가운데 서 있
는 기둥에 각 방향으로 화살표를 붙이는 것도 괜찮겠고요. 시
각장애가 있는 분에게도 그러는 편이 알기 쉽지 않을까요?

이제 화살표는 저의 천적입니다. 커다란 전철역 안에서 헤
아릴 수 없이 등장하는 화살표는 꼭 불협화음처럼 저에게 들
이닥칩니다. '가는 길'에는 그나마 여력이 있어서 낫습니다. 용
건을 마치고 지쳐서 '돌아가는 길', 넓은 전철역은 제 뇌에 문
제를 일으키기 십상입니다. 갑자기 청각이 과민해지거나 속이
나빠지거나 의식이 몽롱해지기도 해서 조심해야 합니다.

화 살 표 에
휩 쓸 리 다

───────────────────────────

한번은 화살표뿐 아니라 모든 안내 표시가 갑자기 이상하
게 보인 적이 있습니다.

지하철 나가타초永田町역에서 환승을 하려던 때였습니다. 세 노선의 지하철이 지나는 데다 다른 역과의 연결 통로도 있는 역이지만, 저에게 익숙한 곳이라서 평소에는 별다른 어려움 없이 환승을 했습니다. 그랬는데 그날 나가타초역에서 길을 잃어버렸습니다.

여느 때처럼 전철에서 내리고, 여느 때처럼 플랫폼 끝에서 에스컬레이터를 타고 중앙 홀로 나갔습니다.

문득 고개를 들어 표시판을 본 순간, 화살표, 문자, 여러 색의 둥근 점 등 모든 안내 표시들이 수많은 화살이 되어 제 눈에 꽂히는 듯이 느껴졌습니다. 온갖 표시들이 모두 똑같은 무게와 기세로 맥락이라곤 없이 제 눈으로 밀어닥친 것입니다.

그저 표시들이라는 것은 알았습니다. 하지만 거세게 닥쳐오는 기세와 수에 압도된 탓에 각각이 무엇을 의미하는지 어디를 안내하는지 알 수 없었지요. 표시의 홍수에 휩쓸려 머리가 빙글빙글 돌아서 그대로 쓰러질 것 같았습니다.

무슨 영문인지 모르는 채 '아, 저 화살표 같은데…'라며 기어가듯이 나아간 통로는 전혀 다른 방향이었습니다. 왜 그쪽으로 갔는지, 이제 와 돌이켜보면 불가사의합니다. 하지만 그때는 물에 빠져서 허우적거리다 간신히 붙잡은 동아줄이 그쪽을 가리키는 것만 같았습니다.

그 뒤로 한동안 전철을 타기가 무서웠습니다. 좀처럼 없는 일이고, 나가타초역에서 일어난 것은 그날 한 번뿐이었는데 말이죠. 나중에 현장의 사진을 찍어봤는데, 표시들이 작아서 깜짝 놀랐습니다. 어째서 내 뇌는 이 표시들을 홍수처럼 인식했을까⋯. 뇌가 오작동을 일으키면 보이는 것도 들리는 것도 전혀 달라집니다.

빛과 소리가
습격하다

비슷한 일을 밤중에 시부야渋谷에서도 겪었습니다. 그날 저는 시부야역 근처의 중국집에 갔습니다. NHK의 '인지저하증 캠페인'[3] 제작진이 뒤풀이에 불러주었거든요. 미로 같은 시부야역을 헤매고 헤맨 끝에 간신히 역 밖으로 나갔고, 시원한 공기를 들이마시며 한숨 돌리려 했지요.

그런데 역에서 나가자마자 머리 위로 거대한 스크린이 여러 개 나타났습니다. 각각이 다른 영상, 다른 음성, 다른 음악을 내보냈는데, 그 전부가 제 눈과 귀에 일제히 쏟아져서 마치 얼

---

3   NHK에서는 2015년 '인지저하증을 자신의 일처럼 생각하자.'라는 주제로 '인지저하증 캠페인'을 개최하여 인지저하증에 대한 올바른 정보와 당사자의 목소리를 방송으로 전달했다.

어맞는 듯한 고통이 느껴졌지요.

사방에서 밀려드는 소음, 음악, 목소리, 눈부신 스크린, 네온사인, 반짝반짝 점멸하는 전광판, 자동차의 전조등, 신호등의 빛, 가게의 조명… 모든 것이 파괴적이었습니다. 너무 커다란 소리, 너무 눈부신 빛. 전부 통증으로 변했습니다.

'안 돼! 역시 밤에 외출하는 건 무리였어. 무리해서 오지 말걸. 집에 가자.'

하지만 집은 시부야에서 멀었고 이런 상태로는 무사히 돌아갈 수 없을 것 같았습니다. 저는 각오를 굳히고 걸음을 딛기 시작해 중국집까지 물어물어 찾아갔습니다. 뒤풀이 장소에 도착하자마자 주저앉아서 숨을 몰아쉬었습니다. 걱정하는 주위 사람들에게 괜찮다고 말하곤 한동안 혼자 가만히 참았지요.

이윽고 진정되었고 그리웠던 분들과 즐겁게 이야기를 나누니 점점 기운이 돌아왔습니다. 하지만 너무 늦게까지 있으면 몸 상태가 나빠지기 때문에 도중에 자리에서 일어났고, 젊은 남성이 역까지 바래다주었습니다. 이런저런 이야기를 나누며 역으로 돌아가는 길에 본 거리는 평범했습니다. 활기가 넘치고 눈부시긴 했지만, 고통은 느껴지지 않았기 때문에 신기했습니다. 걱정하며 바래다준 남성도 아마 '뭐야, 아무 문제 없잖아.'라고 생각했겠죠.

정신은
뇌의 주인일까

시부야에서 겪은 일의 원인은 피로와 스트레스였을 것입니다. 그런 일은 조심만 하면 좀처럼 일어나지 않습니다. 성가신 것은 언제, 어디서, 어떻게 이변이 일어날지 알 수 없다는 점입니다. 급격한 저혈압 등 레비소체 인지저하증 특유의 자율신경장애도 있지요.

냉방과 추위에 약합니다. 기압의 저하 또는 기온의 차이 때문에 온몸이 축 늘어집니다. 쉽게 지치고, 피곤하면 머리가 몽롱해집니다. 현기증과 두통이 잦고, 이명은 매일매일 들립니다. 귀가 시간이 늦으면 아예 잠들지 못합니다. 식후에 급격히 혈압이 낮아지기도 합니다. 오후가 되면 드러누워서 30분 정도 쉬고 싶습니다….

먼 곳까지 갈 때는 늘 '무사히 돌아올 수 있을까.' 하는 걱정이 듭니다. 냉방에 대비해서 한여름에도 긴 양말을 신고, 커다란 가방에 방한용 옷과 음료수 등을 가득 담는 등 '전투 준비'를 하고 나갑니다. 뭐, 아기가 외출하는 것과 비슷합니다. 놀러 갈 때조차 도중에 스릴이 넘쳐나지요.

이런 사정을 한마디로 설명하기란 불가능합니다. 말하지 않으면 누구도 제 상황을 상상해줄 수 없지요. 그런 탓에 예전에는 종종 약속을 직전에 갑자기 취소하는 등 일을 난처하게 만들곤 했습니다.

지금은 연약한 몸, 연약한 뇌와 함께 원만하게 지내고 있습니다. 어지간한 일들은 잘 해내고 있지요. 어느새 저는 전철에 타면 노약자석의 가장 기운 있어 보이는 사람에게 "자리를 양보해주시겠어요?"라고 말할 정도가 되었습니다. 예상치 못했던 진화입니다. 병과 함께하게 된 이래, 제 정신은 단단해졌을 뿐 아니라 더욱 건강하고 자유로워졌습니다. 저에게는 그런 자각이 있습니다.

정신은 뇌의 주인일지도 모릅니다. 실제로 몸 상태가 나빠도 다른 사람 앞에서는 야무지게 행동할 수 있습니다. 가치 있는 소중한 일을 마주하면 뇌가 어느 때보다 빠르게 일하기 시작하지요. 친한 이와 즐겁게 지낼 때는 좀처럼 증상이 나타나지 않고 몸 상태도 좋아집니다.

살아가는 보람이 있는 생활 속에서 좋은 사람들과 언제나 함께하며 함박웃음을 짓는다면, 증상이 나타날 틈도 없어 매일매일 최상의 컨디션이 계속되지 않을까요. 저는 진지하게 이런 몽상을 합니다.

IV

기억이라는 이름의
블랙박스

문 을   닫 으 면
존 재 가   사 라 진 다

"히구치 씨는 어떻게 원고 없이 강연할 수 있으세요? 다른 인지저하증 당사자분들은 모두 원고를 읽으시던데요."

인지저하증 프로그램을 기획하던 디렉터가 이런 질문을 한 적이 있습니다. 저는 설명했습니다. "인지저하증이라고 해도 병(원인)에 따라 증상이 달라요. 저한테는 알츠하이머병의 기억 장애가 없어요."

그런데 어떤 일을 겪고 제 설명이 불충분했다는 걸 깨달았습니다.

끝날 줄 모르는 무더위에 지쳤던 어느 밤, 오랫동안 사용한 냉장고가 결국 수명이 다하는 사건이 일어났습니다. 이튿날 아침 가전제품 매장이 문을 열자마자 달려갔는데, 냉장고 코너에 도착해서 깜짝 놀랐습니다. 매장에 늘어선 최신 냉장고에는 옷장처럼 서랍이 여러 개 달려 있었던 것입니다. '이래서야 어디에 뭐가 있는지 알 수 없잖아.' 저는 구식 냉장고를 찾았습니다.

이 냉장고 사건을 제 SNS에 올렸더니 알츠하이머병 당사자의 아내이기도 한 친구가 댓글을 달았습니다. "우리 집은 남편을 고려해서 최신 기능보다 서랍이 적은 냉장고를 골랐어요." 댓글을 본 순간 깨달았습니다. 제가 저의 기억장애를 제대로 파악하지 못했다는 것을요.

약을 먹었는지 안 먹었는지, 양치질을 했는지 안 했는지 잊어버리는 정도는 일상적으로 일어납니다. 하지만 밥을 먹었다거나 어디를 다녀왔다거나 하는 일을 통째로 잊은 적은 없습니다. 그래서 나한테는 기억장애가 없다고 오랫동안 믿어왔지요. 하지만 저 역시 아무리 해도 기억하지 못하는 것이 몇 가지 있습니다.

일정 등 시간과 관련한 것은 언제나 꽝입니다. 7월과 9월에 한여름처럼 더운 날이 있지요? 저는 그때마다 8월이라고 착각해서 혼자 소란을 피웁니다. 그리고 장소와 물건에 관련한 것도 좀처럼 기억하지 못합니다.

우유들이

줄을 선 이유

메모 없이 장을 보지 못한 게 언제부터였는지 지금은 기억
나지 않습니다. 저희 부엌에는 항상 메모지가 있어서 부족한
것이 눈에 띄면 곧장 적어둡니다. 어쩌다 메모지를 깜빡하고
장을 보러 가면 낭패를 당합니다. 냉장고에 뭐가 있었는지 떠
올리려 의식을 집중하면, 기분이 나빠지고 피로감이 들어서
금세 짜증이 납니다. '음, 모르겠어. 우유가 떨어졌던 것 같은
데….' 언제 적 기억인지 모를 기억에 의지해 장을 보고 돌아
가면 떨어진 줄 알았던 것이 왠지 항상 있습니다. 몇 팩씩 늘
어선 우유들을 보고 소름이 돋은 적도 있지요.

습관이 되었기 때문에 이제 저에게는 메모를 확인하며 장
을 보는 게 당연한 일입니다. 그런데 80대 중반인 시어머니가
메모 따위 없이 슈퍼마켓에 가는 걸 보고 충격을 받았습니다.
나중에 슈퍼마켓에서 관찰해보니 확실히 메모를 한 손에 들
고 다니는 50대는 저밖에 없더군요.

냉장고든, 찬장이든, 옷장이든, 냄비든, 일단 문이나 뚜껑을
닫으면 그 속에 있던 것의 존재는 제 머릿속에서 하얗게 사라
져버립니다.

고작 문을 닫았을 뿐인데 어째서 마술처럼 뇌리에서 사라

질까…. 어떤 속임수인지는 모르겠습니다. 다만 저는 '기억이 사라진 것'이 아니라 '의식에서 사라진 것'처럼 느낍니다. 왜냐하면 닫혔던 것을 다시 열어 들여다보는 순간, 구입했을 때와 정돈했을 때의 기억이 되살아나기 때문입니다. 단, 그것이 언제 있었던 일인지는 기억하지 못하고요.

문을 닫아 시야에서 사라지는 동시에 제 뇌가 쌀쌀맞게 외면하며 '이제 나랑 관계없으니까 저기에 뭐가 있는지 알 바 아니야.'라고 감독 책임을 멋대로 내버리는 것만 같습니다. 기억은 어딘가에 제대로 보관되어 있지만, 제 뇌가 기억이 보관된 장소까지 가서 그 기억을 골라 가지고 나오는 작업을 하지 않는 것입니다. 제 의지가 보관 장소로 가고 싶어해도 뇌는 제 마음과 생각을 무시한 채 협력하지 않습니다. 말을 듣지 않는 뇌와 싸우면서 억지로 기억해내려 하면, 뇌에서 불쾌감이 느껴지며 금방 피로해지지요.

결과적으로는 잊어버린 셈이니 "인지저하증 특유의 기억장애네요."라고 해도 부정할 수는 없겠지요. 하지만 제 기억장애는 주의할 대상을 적절히 선택하지 못하는 주의장해와 관련된 문제이지 않을까 생각합니다. 또한 시간 감각에 일어난 장애 역시 제 기억에 강한 영향을 미치고 있습니다. 일어난 일들을 순서대로 배치하는 것도, 기억에 시간이라는 태그를 붙여 필요할 때 끄집어내는 것도 할 수 없으니까요.

기억장애란 '있다' 혹은 '없다'로 분명하게 가를 수 있는 문제가 아니라고 생각합니다. 뇌에서 일어나는 일들을 뭉뚱그려서 하나의 현상으로 묶지 말고, 그 일들의 개별 구조를 하나하나 유심히 살펴보면 분명히 더 재미있을 것입니다.

내가 잊어버리는 걸
알기 때문에

'인지저하증에 걸리면 자신이 무언가를 잊었다는 사실조차 잊어버린다.' 이렇게 말하는 사람들이 많습니다. 하지만 저와 친한 알츠하이머병과 레비소체병 당사자들은 자신이 잊었다는 사실을 자각하며, 잊어버린 탓에 힘들었던 경험 또한 기억하고 있습니다. 저 역시 실패를 저지를 때마다 또다시 되풀이하지 않기 위해 대책을 강구하여 이런저런 조치를 취하고요.

언젠가는 유통기한이 지난 식료품들이 집 안 여기저기에 널려 있어서 깜짝 놀랐습니다. 그때부터 저는 비축해두는 식료품의 양 자체를 줄이고, 전부 한눈에 들어오도록 선반 앞에만 두고 있습니다. 결코 식료품을 어딘가 안에 넣지 않고, 보관하는 자리를 정해둔 다음 모두 라벨을 붙였지요. 그러자 상황은 조금 개선되었습니다. 하지만 '언제쯤 구입했다'는 시간에 관한 기억이 없기 때문에 아직 더 조치가 필요하다고 생각합니다.

일단 시야에서 벗어나면 존재 자체가 머리에서 사라지기 때문에 중요한 서류 등은 눈에 띄는 자리에 놓거나 붙여둡니다. 하지만 그런 것이 여러 개 쌓이고 넓게 퍼지면 그 역시 영문 모를 덩어리가 되어버립니다.

물건이 많으면 눈앞에 있는 것을 뇌가 인식하지 못하기도 합니다. 없어진 것을 찾다가 지쳐서 녹초가 되었는데, 여러 차례 뒤졌던 책상 위에서 마법처럼 나타난 적도 있었지요.

물건 찾기는 가장 하기 싫은 일 중 하나입니다. 그 때문에 물건마다 자리를 정해두고 사용한 다음에는 반드시 제자리에 돌려놓으려 노력하고 있습니다. 그 덕에 물건을 못 찾는 일은 줄어들었는데, 혹 제자리에 없을 경우에는 어디를 찾아야 할지조차 모릅니다. '태평양에 떨어뜨린 반지를 찾아와라.' 같은 명령이라도 받은 양 혼란스러워져서 불안에 사로잡히고 말지요.

'심호흡하고, 아무 생각 말고, 서랍과 수납장을 전부 열어보면 되잖아.' 저도 이렇게 생각하지만, 그래도 안 됩니다. 매일같이 실패하던 무렵의 겁먹은 제가 머릿속에서 자동 재생되는데, 제 의지로 제어할 수 없습니다.

거대한 주차장은
저승문

항인지저하증 약물 치료를 시작해서 증상이 개선되기 전에는 일상에서 수많은 어려움을 겪었습니다.

자동차를 어디에 주차했는지 까맣게 잊은 게 한두 번이 아닙니다. 한여름에 넓은 주차장을 몇 바퀴나 돌며 차를 찾다가 결국 가게로 돌아가 점원에게 찾아달라고 부탁한 적도 있습니다. 친절한 젊은이였는데 전혀 싫은 내색 없이 찾아주어서 얼마나 고마웠는지 모릅니다. 자동차는 실외주차장에 있었습니다. 저는 바깥에 주차한 것을 잊고 쓰러질 지경이 되도록 실내주차장에서 찾아 헤맸던 것이었죠.

요즘도 거대한 주차장에서는 불안해지곤 합니다. 주차한 남편에게 "자리 기억했어? 제대로 기억해둬. 나는 잊어버리니까."라고 신신당부하지 않을 수 없습니다. 그렇게 강조해도 건망증 있는 남편이 미덥지 않아 "2층에 A3 구역. 입구에서 바라보면 왼쪽."이라고 자동차를 돌아보면서 몇 번이고 되뇝니다. 아니면 주차 자리를 말장난처럼 만들어 외우려 하고요. (공간적인 위치는 기억하지 못하지만, 숫자나 단어는 외울 수 있습니다.)

제가 봐도 참 성가신 사람입니다. 하지만 장소를 자연스럽게 기억하지 못하고 혼자서는 차를 찾지 못해 불안한데, 태평하게 쇼핑을 즐길 수는 없는 노릇입니다. 주차장뿐 아니라 혼자 낯선 장소에 갈 일이 생기면 미리 면밀하게 조사해서 스마트폰을 들고 나갑니다. 그래도 불안과 긴장은 사라지지 않지만요.

노화와
다른 점

물론 노화가 미치는 영향이 클 것입니다. 그래서인지 제 얘기에 "저도 그래요."라고 웃으며 맞장구치는 분들이 많습니다. 저 역시 제가 겪는 일과 노화 사이에 분명히 선을 긋지는 못합니다. 하지만 노화는 "또 저질렀네."라며 웃을 수 있다는 점에서 저의 경우와 매우 다른 것 같습니다.

제 남편도 건망증이 있는데, 그때마다 천연덕스럽습니다. 잊어버리지 않으려고 고민하거나 조치를 취하지도 않고요. 여러 차례 까먹어도 대수롭지 않게 여겨서 저로서는 이해하기 어려웠습니다.

한 의사는 이런 말을 했습니다. "다들 그런 법이야. 인지저하증 당사자들은 병에 걸린 걸 아니까 진지할 수밖에 없지 않을까? 그래서 남보다 곱절은 노력하는 거겠지."

앞서 소개한 단노 도모후미 씨는 노트에 업무 절차를 빽빽하게 적어두고 매번 꼼꼼히 확인하면서 일을 한다고 합니다. 그 덕에 건강한 사원에 비해서도 '실수가 적은 편'이라고요.

좋아서 하는 노력이든 불안을 줄이려 하는 노력이든, 다른 사람에게는 똑같이 보이겠죠. 같은 성과를 거둔다면 노력하는 이유 따위 어느 쪽이든 상관없을지 모릅니다.

자동차를 찾아 헤매며 느낀 슬픔, 한심함, 두려움, 그 일 말고도 매일같이 이어진 어처구니없는 실수와 직장에서 받은 질책, 몸 상태는 손쓸 수 없이 나쁜 데다 내가 언제 무슨 짓을 저지를지 몰라 느끼는 불안감… 그런 잊고 싶은 기억들이 지금도 제 속에 자리 잡고 있습니다. 그 무렵의 제가 그 모습 그대로 제 속에 살아 있는 것 같지요.

더는 기억하고 싶지 않지만, 그럴 수도 없습니다. 아무리 한심하고 비참해도 그 역시 '나'이기 때문에 제가 살아 있는 한 사라지지 않을 것 같거든요. 그리고 아무런 근거는 없지만, 그때의 '나'를 없는 사람으로 여겨서는 안 된다는 생각도 들고요. 어떤 '나'이든 모두 끌어안고서 앞으로 어떻게든 해나갈 수 있다면 좋겠습니다.

왜 못 하는지
나도 몰라

레비소체 인지저하증이 의심되어 도쿄의 대형 병원에서 진찰을 받았던 무렵에는 내장에 중병이라도 걸린 듯 몸 상태가 엉망이었고, 날마다 실수를 연발했습니다. 특히 파트타임으로 일하던 직장에서는 링 위에서 일방적으로 얻어맞는 복서처럼 상처가 쌓여갔지요.

직장에서 작업을 하다가 다른 일이 끼어들면 원래 하던 작업은 의식에서 사라져버렸습니다. 그런 것이 저를 가장 힘들게 했습니다. 하던 일을 방치하는 실수가 계속 반복되었지요.

큰돈을 넘겨받은 직후에 다른 사람이 급한 일을 부탁한 적이 있습니다. 저는 '금방 돌아올 거니까.'라는 생각에 열쇠도 잠그지 않고 서랍에 돈을 넣어두었지요. 그 뒤 돈에 대해서 까마득히 잊고 집에 돌아왔는데, 상사가 집으로 전화를 걸었습니다.

"대체 무슨 일이냐?" 하고 나무라서 제가 큰돈을 방치했던 사실이 바로 생각났습니다. 하지만 "왜 그런 거야?"라는 물음에는 사죄밖에 할 수 없었습니다. 저 역시 왜 그런 일이 일어났는지 전혀 몰랐기 때문에 할 말이 떠오르지 않았지요.

머지않아 또다시 중대한 실수를 저질렀고, 상사는 "왜 그랬는지 설명해보세요."라며 저를 추궁했습니다. 뭘 어떻게 설명해야 할지 몰라서 "기억이 안 납니다."라고 사실대로 답하자 상사는 고함을 질렀습니다. "기억하지 못하는 게 말이 돼!"

그 순간, 당시 자주 겪었던 발작 같은 컨디션 난조가 일어났습니다. 머리가 몽롱해지는 게 느껴졌지요. 성실하게 일하면 이런 실수를 몇 번씩 저지를 리 없다고 상사가 완강하게 말했지만, 저는 서 있기도 벅찼습니다.

대화를 듣고 있던 가장 나이 많은 동료가 "아직 젊은 사람이 왜 저래?" 하고 불쾌함을 드러냈습니다. "안색이 나빠. 어디 아픈 거 아냐?" 하고 걱정해주는 동료들이 있었지만, 그들에게도 매일매일 폐를 끼치는 바람에 마음이 불편했습니다. 그렇다고 차마 '환시가 보이고, 인지저하증이 의심되어 병원에 다녀왔다.'라고는 할 수 없어서 저는 그저 입을 다물고 있었습니다.

뇌도 출퇴근 카드도
빈칸이 잔뜩

다시는 실수하지 않으려고 잔뜩 긴장하고 지내는 나날이 이어졌습니다. 그렇지만 있는 힘껏 노력할수록 상황도 몸 상태도 나빠지더군요. 매일 퇴근해서 집에 돌아오면 그대로 거실에 쓰러져서 기절하듯이 잠들거나 '큰일이네. 못 움직이겠어. 저녁 차려야 하는데.'라고 생각하며 한 시간 정도 바닥에 누워 있었습니다.

나중에 돌이켜보니 당시 저는 뇌의 병 때문에 비정상적인 피로감을 느끼며 위험한 상태에 처해 있었습니다. 하지만 그 때는 닥치는 대로 눈앞의 일과 가사를 해내느라 힘을 모두 소진해서 대책을 강구할 여유도 능력도 없었습니다. 매일매일 전력으로 발버둥 치면서 깊고 어두운 물속으로 가라앉는 꼴이었지요.

어느 날 상사가 "히구치 씨, 잠깐만." 하며 저를 불러내더니 출퇴근 카드 누락이 잦다고 주의를 주었습니다. 그 전에도 여러 번 주의를 들었는데, 매번 듣기 전까지는 전혀 몰랐습니다. 그때 제 눈앞에 보이는 출퇴근 카드에는 기록을 깜박한 빈칸이 끝없이 퍼져 있었습니다. '마치 텅 빈 영역이 넓어진 뇌의 검사 이미지 같구나. 내 뇌는, 이제 다 끝났는지도 몰라…' 멍하니 그런 생각을 했습니다.

인간은 이제 끝났다고 생각하는 순간 정말 끝나는지도 모릅니다. 이윽고 저는 매일 쓰던 내선 번호를 갑자기 떠올리지 못하기도, 잊기 어려울 만큼 단순한 절차를 급작스레 잊어버리기도 했습니다. 동료를 부르려 했는데 이름이 기억나지 않은 적도 있었고요.

제가 늘 전부 잊어버리거나 기억하지 못했던 것은 아닙니다. 다만 그런 순간이 예고 없이 갑자기 닥쳤지요. 당시 저는 규칙적으로 잊는 것보다 불현듯 잊어버리는 것을 훨씬 무서워했습니다. 어떤 실수를 저지를지 모르는 저 자신을 감당하지 못하겠어서 뇌 검사 결사가 나오기 전에 사직서를 냈습니다. 몸 상태도 한계점까지 나빠져 있었지요.

비밀번호 탓에
암초에 부딪히다

은행 현금인출기 앞에서 비밀번호를 떠올리지 못했을 때는 '인지저하증이니까 앞으로 이렇게 기억이 점점 사라질 거야.' 하는 생각이 들었습니다. 그래서 웹 사이트의 비밀번호를 비롯해 80개가 넘는 비밀번호를 전부 수첩에 적고 똑같은 수

첩을 하나 더 만들었습니다. 두 개를 만든 것은 인지저하증인 만큼 가지고 다니다 잃어버릴 확률이 높다고 생각했기 때문입니다. 실제로 신칸센新幹線 표를 잃어버려서 큰일을 겪은 게 한두 번이 아니기도 했고요. (신칸센 차량에 표를 두고 내렸을 때는 도쿄돔 근처의 유실물 센터까지 가야 했습니다.)

수첩을 주운 사람이 못 알아보게끔 암호로 만들까 고민했지만, 저까지 모를 것 같아서 그만두었습니다. 그리고 수첩의 존재 자체를 잊어버릴까 걱정되어서 가족에게 "여기에 비밀번호 전부 적어놨어."라고 말해두었지요.

그 무렵의 일인데, 외출했다가 지갑이 텅 빈 것을 알고 현금을 인출하기 위해 편의점을 찾았습니다. 찾아낸 현금인출기는 그때껏 써본 적 없는 것이었습니다. 뭐가 뭔지 전혀 모르겠어서 결국 돈을 뽑지 못했지요. 신칸센 표를 무인 발권기에서 구입하지 못하고 역무원에게 도움을 요청한 일도 여러 번 있었습니다. 신칸센을 타는 건 익숙해서 저 나름 올바르게 발권기를 조작한 것 같았는데, '처음부터 다시 시작해주십시오.' 하는 메시지만 반복해서 나왔지요. 그럴 때마다 제 생활이 요란한 소리를 내며 무너져내리는 것 같았습니다.

키워드는
'여유'

그나마 직장의 스트레스에서 해방되어 힘들면 언제든 드러누워 쉴 수 있게 되자 실수하거나 혼란에 빠지는 빈도가 줄어들었습니다. 항인지저하증 약물 치료를 시작하니 몸 상태와 증상이 개선되는 것도 느껴졌고요. 나아가 꼭 의사의 말대로 병세가 악화되는 것은 아니며, 반드시 기억을 잃지는 않는다는 것을 알게 되니 마음에도 여유가 생겼지요. 그때까지는 뭔가 실패할 때마다 병세가 악화되는구나 싶어 절망적인 기분에 휩싸였습니다. 하지만 단순한 실수라고 냉정히 판단할 수 있게 되자 어쩔 줄 몰라 쩔쩔매는 일이 줄어들며 선순환이 일어났던 것 같습니다.

처음 진단을 받았을 때는 '5년 후에도 말할 수 있을까? 걸을 수 있을까?'라고 진심으로 고뇌했습니다. 그 때문에 지금까지 제 몸이 움직이는 것은 하늘이 내려준 선물 같습니다. 그저 감사할 따름이라 여기저기에서 일어나는 문제는 평소에 별로 신경 쓰지 않습니다. 그 문제가 저에게는 일상이 되기도 했고요. 불편하다고 생각은 하지만, 불만은 없습니다.

예컨대 저는 일상적인 장보기를 할 때 신용카드를 사용합니다. 현금은 거의 쓰지 않으며, 100엔 하는 과자도 눈치 보지 않고 신용카드로 지불하지요.[1] 그런데 어쩌다 현금으로 지불할 때면 금액을 착각하는 경우가 이따금 있습니다. 점원이 제 실수를 지적할 때마다 깜짝 놀랍니다. 아무 문제 없이 제가 정확한 금액을 건넨 줄 알았으니까요.

어느 날에는 제가 직접 눈으로 100엔짜리라 확인하고 동전을 건넸건만 점원이 1엔짜리 동전을 잘못 줬다고 해서 깜짝 놀랐습니다. 제 지갑 속에서는 분명 100엔짜리였기에 '이런 착시가 있나?' 생각했지요. 100엔과 1엔이라면 보통 촉감과 무게로 구별할 것입니다. 그때는 제 시각뿐 아니라 주의력이 정상적으로 작동하지 않았는지도 모르겠습니다.

저는 일부러 지갑 속 동전 수를 줄이려는 목적으로 돈을 내기도 합니다. (가령 60엔짜리 상품을 사면서 동전 두 개로 110엔을 내고 50엔 동전 한 개를 거슬러 받는 식이지요.) 그럴 때는 거의 매번 점원이 이상한 표정을 짓거나 제 목적과 달리 더 많은 동전으로 거슬러줍니다. (앞선 경우라면 거스름돈 50엔을 10엔짜리 다섯 개로 주는 것이죠.) 쓸모없는 잔머리를 굴리지 않으면 될 텐데, 저도 모르게 저질러버리고는 혼자 쓴웃음을 짓습니다.

---

1   일본은 신용카드로 결제하는 문화가 한국에 비해 늦게 일반화되었다. 지금은 대부분의 점포에서 신용카드를 사용할 수 있지만, 여전히 저렴한 물품은 현금으로 결제하는 문화가 있다.

만약 가족이 함께라면, "창피하니까 하지 마."라고 하겠지만, 혼자이기에 신경 쓰지 않습니다. 다른 사람에게 폐 끼치는 일은 아니니까요. 점원이 저에게 화낼 염려도 없고요. '아아, 또 저질렀네.' 하고 저 자신을 향해 웃으면 그만입니다. 저는 원래 좀 얼빠진 구석이 있어서 타인에게 피해를 주지 않는 정도의 엉뚱한 실수는 병에 걸리기 전부터 저질렀거든요.

동전 부자가
뭐가 나빠?

만약 제 잔머리 때문에 한 번이라도 점원에게서 상처를 받거나 주위에서 일제히 저를 냉담하게 바라본다면, 그다음부터는 지갑을 열 때마다 긴장할지도 모릅니다. 기분 나쁜 경험을 하지 않는 것이 무척 중요하다고 생각합니다.

결제하는 데 시간이 걸리는 사람들을 위한 전용 계산대가 슈퍼마켓에 있으면 좋겠다는 아이디어를 들은 적이 있습니다. 어떤 슈퍼마켓에는 "비닐봉지 불필요"라고 쓰인 카드가 있어서 장바구니에 넣어 계산할 때 보여주는데, 그처럼 "천천히 계산할게요"라고 쓰인 카드(가능하면 귀여운 거북이 일러스트가 그려진)가 있어도 좋지 않을까요?

그런 카드 말고 다른 방법이 있긴 합니다. 이 세상에는 연령과 상관없이 병, 사고, 장애 때문에 빠르고 정확히 계산하는 게 어려운 사람들이 있다는 걸 모든 이들이 알기만 한다면 상황이 꽤나 달라지겠지요.

"인지저하증인 사람들은 필요한 금액을 정확히 내지 못해서 지폐로 지불한다. 그 때문에 지갑이 동전으로 가득하다. (주위에서는 이런 인지저하증의 징후를 놓치지 맙시다.)"

웹 사이트와 책에서 이와 비슷하게 쓰인 글을 자주 보는데, 저는 자꾸 이런 생각이 듭니다. '동전 부자가 뭐가 나빠?'

인지저하증 환자이지만 자기 의지로 혼자 외출해서 물건을 살 수 있다니 정말 대단하지 않나요? 건강한 사람과 같은 방식, 속도를 강요하지 않았으면 좋겠습니다. 그냥 하고 싶은 대로 하게 두라고요.

'가능'과 '불가능'을
양 손 에 쥐 고

어느 여름, 관공서에서 서류를 작성하다가 저희 집 주소를 잘못 적었습니다. 지역에 번지수까지 술술 쓴 다음에 보니 어딘지 이상한 느낌이 들더군요. 그런데 '그럼 어디가 틀렸고 어떻게 고치면 될까?' 하는 의문에는 아무 답도 떠오르지 않았습니다.

"어떡해!" 저도 모르게 소리를 냈습니다.

우편번호를 틀린 적은 몇 번 있었지만, 주소 자체를 잊은 것은 처음이었습니다.

'뭐지? 병이 악화됐나? 어떡하지. 모르겠어…'

요즘도 급작스레 찾아오는 이 '악마의 시간'에 절대로 허둥대서는 안 됩니다. 지갑을 열어서 건강보험증을 꺼내면 거기에 쓰여 있을 거라고, 평소라면 바로 생각날 대책도 떠오르지 않거든요.

'어떡하지, 어떡해.'

조바심을 낼수록 혼란은 깊어지고 해결책은 멀어집니다. 점점 뇌에 불쾌한 느낌이 가득해지면서 고통스러워졌습니다. 몸도 열이 오를 때처럼 힘들어져서 그냥 그대로 집에 돌아왔습니다.

'인지저하증'이라는 딱지가 붙은 병을 진단받은 사람들의 이러한 모습은 '기억력·사고력·판단력 저하'라는 한마디로 정리되기 십상입니다. 하지만 일시적으로 뇌가 혼란에 빠졌을 뿐, 항상 못 하지는 않습니다. 마음이 진정되면 못 했던 일을 막힘없이 해내기도 하지요.

저는 병에 걸린 뒤로 제 뇌가 스트레스에 과민해졌다고 봅니다. 그와 동시에 연약해졌고요. 사소한 실패에도 머릿속에 혼란이 가득해지고, 스트레스를 신호 삼아 몸 상태가 급격히 나빠집니다. 더 성가신 점은 건강하다면 받지 않을 정신적 피해까지 받아버린다는 것이지요.

낡아빠진 통나무다리를 건너다

저조차 예상치 못한 실수를 저지르면, 필사적으로 숨겨왔던 제 치부가 밖으로 들춰져서 다른 사람들의 구경거리가 되는 것만 같습니다. 설령 보는 사람이 없다 해도, 저 자신이 비참하게 느껴지고 두려움에 떱니다.

그 때문에 다른 사람들이 '왜 이렇게 사소한 일에까지'라고 생각할 법한 상황에서도 눈물을 흘리거나 자신감을 잃어버립니다. "대체 무슨 짓이야?"라는 질책을 듣자마자 폭발하듯이 대성통곡을 하는 사람이 저와 비슷한 마음 아닐까요.

흔히 "인지저하증이 되면 감정을 제어하지 못한다."라고 말하는데, 그렇지 않습니다. 그저 궁지에 몰렸을 뿐입니다. 그동안 수많은 실패와 괴로움을 경험했던 우리에게는 여유가 없습니다. 마음속 깊은 곳에 '또 나도 모르는 사이에 뭔가 사고를 칠지 몰라.' 하는 불안이 숨어 있어서 항상 긴장하고 있는 것입니다.

그렇지만 중증이 되지 않는 한 우리는 '평범한 사람'으로 보입니다. 어떤 뇌기능장애가 어느 정도 있는지, 무슨 일을 어려워하는지, 밖에서는 전혀 보이지 않습니다. 당사자조차도 실패를 해야 비로소 자신의 문제를 의식할 수 있기에 얼핏 봐서는 평범한 사람이 평범한 생활을 하는 것으로 보일 수밖에 없죠. 바로 그 두드러지지 않는다는 점 때문에 우리의 어려움이 심각해진다고, 저는 종종 생각합니다.

건강한 사람이 잘 포장된 다리 위를 걷는 셈이라면, 병에 걸린 우리는 (각자 상태가 다르겠지만) 여기저기 상처가 나 낡아빠진 통나무다리 위를 건너는 중이라고 할 수 있습니다. 한 발짝 뗄 때마다 심신의 에너지와 뇌의 능력을 쏟아부으며 노력할 수밖에 없지요. 그래서 금방 지치는 것입니다. 만약 넘어지기라도 하면 건강한 사람의 상상을 뛰어넘는 피해를 입게되고요.

나를 믿지 않고
의지하지 않기

뭔가 하던 중에 다른 일을 하면 그 전에 하던 일이 의식에서 사라진다. 이 증상은 지금도 계속되고 있습니다.

낭패를 막기 위해 저는 평소에 집에서 타이머를 많이 이용합니다. 가스레인지 불을 켜면 타이머, 세탁기를 돌리면 타이머. 이러면 세탁 종료음을 듣지 못해도 타이머 소리로 제가 세탁기를 돌렸다는 사실을 기억해낼 수 있습니다. 그 덕에 이제는 더 이상 아침에 세탁기 안에서 전날 돌렸던 눅눅한 빨랫감을 발견하지 않지요. 외출 준비를 시작하는 시간도, 보고 싶은 텔레비전 프로그램 시간도, 제가 하려는 모든 일을 타이머가 알려줍니다. 요리하다가 타이머를 깜박 잊기도 하는데, 냄비 온도가 지나치게 올라가면 자동으로 가스레인지가 꺼지니까 괜찮습니다.

저는 일상생활에서 '무언가 자력으로 기억하는 것'을 그만두었습니다.

잊으면 안 되는 것은 곧장 메모해서 붙여두고, 기억에서 사라지는 것은 신경 쓰지 않습니다. 잠자리에 누우면 이것저것 떠오르는 것이 많아서 머리맡에는 항상 종이와 펜을 두고 있지요. 지갑을 깜박하고 외출하는 경우는 있어도 메모장과 펜은 거의 빠뜨리지 않습니다. 오늘 해야 하는 일은 아침에 적어두고, 끝낼 때마다 하나씩 지웁니다.

잊어버리는 것 자체는 문제가 아닙니다. 기억하려 하다가 받는 스트레스야말로 문제지요.

스스로 기억하려 하면 뭔가 빠뜨리지 않을까, 또 뭔가 잘못하지 않을까 불안해집니다. 일단 불안을 느끼면 그것만 신경 쓰여서 침착하게 있지 못하고 계속 긴장하지요. 그런 식으로 스트레스를 받으면 뇌의 기능이 급격히 떨어져서 잘하던 일도 못 한다는 것을 저는 경험으로 알고 있습니다. 그래서 어쨌든 편안하게 있으려 합니다.

나를 믿고 의지하는 것은 절대로 하지 않습니다. 그럼으로써 저는 안심과 여유를 얻었습니다.

기억을 외부화하면
스트레스가 줄어든다

앞서 3장에서 적었듯이 저에게는 시간 감각과 관련한 장애가 있습니다. 그 때문에 몇 월 며칠 몇 시 등 시간과 관계있는 것은 무슨 수를 써도 기억하지 못합니다.

당연히 저뿐 아니라 가족의 일정도 모릅니다. 아침에 가족이 "오늘은 저녁 먹고 들어올 거야."라고 했던 걸 기억해도 그 얘기를 들은 게 언제인지 알 수가 없습니다. '오늘이라고 했는데… 정말 오늘이었나? 아니면 어제? 그보다 전에 들었나?' 이렇게 고민하는 것입니다. 거듭된 실패 끝에 이제 가족들은 일정을 구두로 전하지 않고, 전부 적어서 알려줍니다. 그 덕에 무척 편해졌지요.

외출할 때 역시 이런저런 준비가 필요합니다. 멀리 나가는 경우에는 제가 만든 준비물 목록을 보면서 짐을 가방에 담습니다. 목록을 만들지 않았던 예전에는 짐을 싸는 도중에 여러 차례 쉬어야 했습니다. 짐을 싸는 데 몇 시간씩 걸렸고 끝내면 몹시 피곤했죠. '미래'라고 하는, 저에게 보이지 않는 시간에 무엇이 필요할까 생각해본들 머릿속이 뿌옇게 흐려서 좀처럼 준비물이 떠오르지 않았습니다.

생각나는 대로 짐을 싸면 중간부터 제가 무엇을 넣고 무엇을 빠뜨렸는지 알 수 없었습니다. 그래서 다시 전부 꺼내 늘어놓으면 무엇이 부족한지 한층 더 헷갈려서 홀로 망연자실했지요. 기진맥진하면서 짐을 싸도 항상 중요한 것을 빼먹었고, 행선지에서 허둥대다 우울해하곤 했습니다. 병에 걸리기 전에는 짐을 싸느라 고생한 기억이 없었기 때문에 이런 '불가능'이 정말 신기했습니다. 새로운 발견이었지요.

볼일을 마친 뒤 지치고 몽롱한 상태로 집에 돌아가다가 교통카드를 넣은 카드 지갑을 잃어버린 적이 있습니다. 그 뒤로는 카드 지갑을 끈으로 가방에 동여매고 다닙니다. 가방 속에서 자주 행방불명되던 집 열쇠도 비슷하게 가방에 고정했고요. 지갑을 깜박하고 외출하는 일이 거듭된 다음부터는 가방 속 주머니에 비상금을 넣고 다니기 시작했지요.

제 얘기를 들으면 친구는 "그 정도는 나도 깜박해."라고 말합니다. 하지만 어린아이나 할 법한 대책으로 제가 얼마나 든든한 안심을 손에 넣는지, 얼마나 많은 스트레스가 줄어드는지 건강한 사람은 상상조차 못 할 것입니다. 불안을 낳는 요소가 하나라도 줄어들면, 지치는 방식도 달라지는 법입니다.

자기만의

생존 방식

'모두의 인지증 정보학회みんなの認知症情報学会'[2]가 주최하는 연례 대회에서 알츠하이머병 진단을 받은 야마다 마유미山田真由美[3] 씨와 대담할 기회가 있었습니다. 야마다 씨는 제 또래 여성인데, 기억장애보다는 시공간 인지장애가 주된 증상이라고 합니다. 옷을 입을 수 없는 등 일상생활에서 겪는 장애가 심각한데, 그럼에도 같은 병에 걸린 이들에게 힘을 주는 활동(인지저하증 당사자를 위한 상담 창구 개설 등)을 시작한 대단한 활동가입니다.

야마다 씨에게는 글자를 읽을 수는 있지만 쓰지는 못하는 증상이 있습니다. 펜이 없어진 세계에서 어떻게 살아갈 수 있는지, 저로서는 상상할 수 없어 질문했습니다.

"메모를 하지 못하면 힘든데요. 어떻게 하세요?"

"(일정은) 외워요."

2　일본의 사단법인으로 인지저하증을 일종의 '개성'으로 여기며 당사자와 가족의 시점을 중시하는 시민참가형 정보학을 통해 인지저하증에 대한 새로운 연구와 인식 개선을 추진하고 있다.

3　전 급식 조리원으로 48세에 증상을 자각했으나 처음에는 우울증 진단을 받았고, 51세에 정식으로 알츠하이머병 진단을 받았다.

"외운다고요!"

저도 모르게 목소리를 높이고 말았습니다. 일정을 외운다는 발상은 제 속에 먼지만큼도 남아 있지 않았기 때문입니다. (그와 더불어 야마다 씨는 스마트폰과 구글 홈의 음성인식을 활용해서 생활에 편리를 더하고 있답니다.)

우리 모두는 각자 전혀 다른 '가능'과 '불가능'을 지니고 있습니다. '불가능'하다고 해서 '하지 않는 것'이 아니라 자신이 지닌 '가능'을 이용해 '불가능'을 다른 방식의 '가능'으로 바꾸며 살아가지요.

"그렇게 대처할 수 있는 건 특수한 사람뿐이다. 고령자한테는 어렵다." 이런 말을 하는 분이 가끔 있습니다. 그런데 과연 그럴까요? 시작부터 인지저하증이 많이 악화된 사람은 없습니다. 사고와 뇌출혈 등을 제외하면 모두들 갓 증상이 나타나는 초기를 거치지요. 다들 남모르는 자신의 실패에 당황하고, 고민하면서 이런저런 대책을 강구한 시기가 있었을 것입니다. 만약 그 단계에서 동료와 가족이 '불가능'을 '가능'으로 바꾸는 대책을 함께 고민해주거나 당사자가 힘겨워할 때만 대수롭지 않게 손을 빌려준다면, 당사자는 스트레스가 크게 줄어들어 한참 동안 평안하게 지낼 수 있지 않을까요. 저는 그렇게 생각합니다.

저 역시 '나는 인지저하증인지도 몰라.'라고 처음 의심했던 무렵에는 뇌를 단련해야 한다고 생각해서 산수 문제집을 사서 풀기도 했고, 걸으면서 뺄셈을 해보기도 했습니다.

그렇지만 머지않아 그만두었습니다. 고통밖에 주지 않았기 때문입니다. 기분 나쁜 피로감이 뇌에 가득해졌고, 하지 못하는 것을 자각하니 자신감도 없어져서 미래를 비관했습니다. 그렇게 스스로 스트레스를 만들어내서 괴로워하는 것이 뇌에 좋을 리 없겠죠.

나의 부적

저와 같은 병에 걸렸지만 저와 다르게 '산수 풀이를 매일매일 빠뜨리지 않고 하는 분'도 있습니다. 레비소체 인지저하증은 주의력에 장애가 생겨 계산을 하지 못한다고 하는데…. 신기해서 물어보니, 그분은 원래 계산을 무척 좋아했고 계산을 하면 즐겁다고 했습니다.

깜짝 놀랐지만, 좋아하고 잘하는 일을 즐기면서 한다면 뇌 기능이 덜 저하되는지도 모릅니다.

이 말은 지금도 저의 '부적'입니다.

저는 어린 시절부터 '글쓰기'를 좋아했습니다. 제 병명을 알

앇을 때, 더 이상 글을 쓰지 못할 거라는 공포를 느꼈지요. 하지만 두려워할 필요는 없는지도 모릅니다. 반드시 의학서에 쓰인 대로 능력이 저하되는 것은 아니라는 사실을 계산을 좋아하는 동료가 가르쳐주었으니까요. 진심으로 좋아하고 꼭 하고 싶은 일을 (어떤 방식으로든) 할 수 있다면 다른 일을 하지 못하게 되어도 나는 괜찮다고, 그때 생각했습니다.

세계적인 테니스 선수가 코트의 라인에 절묘하게 공을 떨어뜨릴 때, 그는 '벗어날 리가 없다'고 확고하게 자신했을 것입니다. '벗어날지도…' 하는 불안을 품는 순간, 테니스의 신은 그에게서 멀어지겠죠.

뇌는, 불가사의함과 흥미로움으로 가득 차 있습니다. 설령 병 탓에 뇌기능 중 이런저런 것이 저하된다고 해도 안심, 자신, 여유만 있다면 생각지 못했던 힘이 발휘될 것입니다. 그런 힘이 있다면 '더 이상 못 할 거야'라고 믿었던 일까지 분명 해낼 수 있을 것입니다.

V

어찌어찌
어떻게든 된다

보 이 지   않 는
장   애

한자는 거북한 상대입니다.

인지저하증 진단을 받았을 무렵에는 '味噌[1]'라는 단어를 보고 '이게 뭐지? 어떻게 읽더라?' 하고 한참 생각했습니다. 흔하디흔한 성씨인 '伊藤이토'를 '이후지'라고 잘못 읽고는 '이렇게 드문 성씨가 있었구나.'라며 감탄하기도 했고, 한자 '仏[2]'을 가타카나 'イ이'와 'ム무'라고 이상하게 떼어서 읽기도 했지요.

매번 올바르게 읽는 법을 불현듯 깨닫곤 했는데, 그때마다 온몸에 소름이 돋았습니다. 제가 왜 그러는지 당시에는 스스로도 알 수 없었지요.

---

1   일본식 된장인 '미소'의 한자 표기.
2   부처 불(佛)을 일본에서는 이렇게 표기한다.

비슷한 시기에 한자를 한 글자 전체가 아니라 부수部首 같은 일부분만 돋보기로 들여다보듯이 뚫어지게 보는 일도 가끔 있었습니다. 제 의지로 하는 것이 아니라 자연스럽게 그렇게 되어버렸지요. 최대한 확대해서 한자를 보면 슬금슬금 위화감이 고개를 내밀어서 '이 글자는 정말 이런 모양이었던가?' 하고 골똘히 생각했습니다.

단어 역시 두 글자를 하나의 단어로 인식하지 못합니다. 왠지 한 글자씩 떼어놓고 보는 것이죠.

다시 '味噌'를 예로 들어서 일단 '味'를 '아지ぁじ'라고 읽어버리면,[3] '아지' 외에 다르게 읽는 법은 떠오르지 않습니다. 그다음에 '噌'를 지그시 바라보면 '이 글자 뭐더라? 처음 보는 것 같은데.' 하는 생각만 들지요. '伊藤'를 '이후지'라고 읽은 것도 한 글자씩 따로따로 읽은 결과입니다. 지금 돌이켜보면 그 역시 주의력과 관련한 장애였을지 모릅니다.

---

[3]   일본어에서는 같은 한자를 두세 가지 방법으로 읽는다. '味'는 '미(み)' 또는 '아지'로 읽을 수 있다.

사인이
힘든 이유

제가 쓴 한자의 모양이 어딘가 매우 기묘해서 이런 글자는 없지 않나 의심하며 자주 찾아보곤 합니다. 찾아보고 제대로 썼다는 걸 알아도 위화감은 사라지지 않습니다. 실제로 획을 하나 빠뜨리거나 부수를 아예 쓰지 않은 경우가 요즘도 있고요.

균형 있게 글자를 쓰기가 어려울 때도 있습니다. 한 글자의 왼쪽과 오른쪽이 서로 크기가 다르거나 한 문장 안에서 크기가 제각각인 글자들이 삐뚜름하게 이어지는 것입니다. 더 이상 편지는 못 쓰겠다고 체념한 시기가 있었는데, 이 역시 기복이 있어서 어떤 날에는 글자를 잘 쓰기도 합니다.

원래도 잘 쓰는 편이 아니던 글씨는 점점 더 악필이 되어가고 있습니다. 오랫동안 쓰고 있는 일기를 펼쳐보면 예전으로 거슬러 올라갈수록 글자가 읽기 쉽게 쓰여 있어 두려울 정도입니다. 이제는 제가 쓴 글을 읽지 못할 때도 자주 있지요.

이런 일이 병 때문인지, 아니면 항상 글을 컴퓨터 키보드로 입력하기 때문인지는 모릅니다.

요즘도 이따금씩 존재하지 않는 이상한 글자를 씁니다. 한자를 쓰는 능력은 초등학생 수준이지요. 제가 잘못 썼다는 사실을 금세 눈치채지만 올바른 한자는 떠올리지 못합니다. 그래서 메모도 한자가 아니라 거의 히라가나로 씁니다. 그런 수준이라 다른 사람들 앞에서 화이트보드에 필기하는 건 결코 하지 않습니다.

드문 일이긴 한데, 어쩌다 제 책에 사인을 요청하는 독자분들이 있습니다. 저에게는 특별한 사인이 없기 때문에 정자체로 제 이름만 덩그러니 써서 드립니다. 날짜와 독자분의 성함까지 쓰는 것이 예의임을 저도 알지만, 오늘이 며칠인지 스마트폰을 보지 않으면 모르는 데다 성함을 들은들 도저히 제가 바른 한자를 쓸 수 없을 것 같기 때문입니다.

다른 사람들 앞에서 이야기하고 나면 항상 뇌의 피로가 한계를 넘어서고 두통까지 일어납니다. 그런 상태에서는 평소보다 더 한자를 제대로 쓰지 못하지요. 하지만 '한자를 못 써서요…'라고는 부끄러워서 도저히 말할 수 없습니다. 독자들은 아마 저를 서비스 정신이라곤 없는 사람이라고 여길 것입니다. 그렇게 저는 맘속에 항상 죄송하고 꺼림칙한 마음을 품고 있습니다.

하면 됩니다

막대한 에너지를 소모합니다만

가끔씩 제 증상이 환시일 뿐이라고 (그것도 지금은 없다고) 알고 계시는 분이 있어서 깜짝 놀랍니다. 그런 분에게 제가 겪는 세세한 증상과 어려움을 오해하지 않도록 하나하나 설명하려면 막대한 시간이 듭니다.

애초에 인간관계 속에서 자신의 어려움을 굳이 스스로 꺼내는 데에는 큰 용기가 필요합니다. 누군가는 장애인으로서 '정당한 편의'[4]를 요구하라고 하지만, 상대방이 제가 억지를 부린다고 생각하지 않도록 양쪽에 필요한 정보만 이해하기 쉽게 전달하려면 머리와 마음을 모두 동원해야 합니다. 꽤 많은 에너지도 필요하고요.

게다가 용기와 생각을 쥐어짜서 설명한들 '보이지 않는 장애'는 쉽사리 전달되지 않습니다. '평범하게 이야기하니까 뇌 기능에는 문제가 없네.' '평범하게 걸으니까 신체기능도 괜찮

---

4 '정당한 편의'(reasonable accommodation)란 2006년 유엔 총회에서 채택한 '장애인권리협약'의 주요 내용 중 하나다. 우리나라의 '장애인차별금지 및 권리구제 등에 관한 법률'에서는 '정당한 편의'를 "장애인이 장애가 없는 사람과 동등하게 같은 활동에 참여할 수 있도록 장애인의 성별, 장애의 유형 및 정도, 특성 등을 고려한 편의시설·설비·도구·서비스 등 인적·물적 제반 수단과 조치"라고 정의한다. 참고로 일본에서는 '힙리적 배려'라고 번역해서 쓰고 있다.

네.' 이렇게 단정해버리기 십상이지요. 제가 바라는 만큼 상대방이 이해해주는 것은 불가능하다고 이미 포기했습니다.

제 병은 다른 뇌기능장애와 마찬가지로 '전신병全身病'[5] 같은 경향이 강합니다. 자율신경에도 장애가 있어서 매일매일 몸 상태의 기복에 휘둘리고 있지요. 하지만 아침에 눈뜰 때부터 두통, 현기증, 권태감이 강한 최악의 날에도 있는 힘과 없는 힘을 전부 짜내 강연까지는 해낼 수 있었습니다. 집에 있었다면 종일 누워 지낼 만한 컨디션이라 강연을 한 것에 스스로도 놀랐는데, 결국 돌아가는 길에는 40도의 고열이 날 때처럼 전신이 고통스러워서 홀로 끙끙댔습니다.

사고력이 아직 온전하다고 하지만 상태가 좋을 때나 그렇습니다. 뇌의 지구력은 이미 사라졌기에 집중해서 머리를 쓰면 금방 한계에 도달합니다. 머리를 혹사한 뒤에는 마치 뇌가 염증 때문에 부은 듯한 느낌이 들고, 독을 마신 것처럼 몸도 축 늘어집니다. 벌렁 드러누워 꼼짝도 못 하고 목소리도 제대로 못 내지요.

그렇게 미덥지 않은 뇌를 사용해서 매일 원고를 쓰고, 언제 상태가 나빠질지 모르는 고물 같은 몸으로 전철에 타는 그런 일상을, 이 병을 모르는 사람은 상상조차 못 하는 것 같습니다.

5 '신체의 특정 부위가 아니라 전체적으로 증상이 나타나는 병.

영화를 보려고 했는데

롤러코스터였다니

뇌에 심하게 피로가 쌓이면 책과 신문을 펼쳐도 의미를 파악할 수 없습니다. 글자는 읽을 수 있지만, 밑 빠진 독에 물을 붓는 것처럼 의미가 줄줄 새어나가서 머릿속에 아무것도 남지 않지요. 그저 피곤하고 힘들어질 뿐입니다.

조금 컨디션이 안 좋았던 날, 영화라면 알아서 이야기가 진행되니 괜찮지 않을까 싶어서 영화 「라이프 오브 파이」를 보기 시작했습니다.

영화는 전혀 볼 수 없었습니다. 끊임없이 자막이 이어지는데, 한시도 눈을 떼지 않고 읽는 것만 해도 벅차서 영상을 볼 틈이 없었던 것입니다. 빠르게 연달아 이어지는 자막을 전력을 다해 쫓다 금세 지쳐서 꺼버렸습니다.

원고를 마감한 다음에 긴장을 풀기 위해 영화관에 「미녀와 야수」를 보러 간 적이 있는데, 그때도 실패했습니다. 마법이 걸린 성의 식탁과 식기가 한꺼번에 노래하고 춤추는 장면에서 눈앞이 빙글빙글 돈 것입니다.

「미녀와 야수」를 보면서 제 시점이 하나의 점에 고정되어버린다는 것을 알았습니다. 스푼이 눈에 들어오면 스푼밖에, 접시가 눈에 띄면 접시밖에 보이지 않았거든요. 게다가 스푼이든 접시든 죄다 날아다니며 춤을 추는데 동작이 무척 빨라서 제 눈으로는 쫓을 수 없었습니다. 하물며 스크린 전체에 무슨 일이 일어나고 있는지는 전혀 알 수 없었지요. 화려한 군무가 나오는 동안에 저는 빠르게 달리는 롤러코스터를 탄 듯한 상태였고, 무엇을 보았는지 잘 모르는 채 녹초가 되었습니다.

그 뒤로는 몸 상태가 좋은 날을 골라서 영화관에 갑니다. 그럼에도 스크린 전체를 바라보기가 어렵습니다. 주의를 끄는 대상이 많은 장면에서 그중 하나가 제 눈을 사로잡으면 그것밖에 보이지 않는 것입니다. 영화관에서 나와 돌이켜보면 뭔가 여기저기 짜깁기한 영상을 본 것 같아 아쉬운 마음이 듭니다.

영화는 노트북의 작은 화면으로 보는 게 뇌에 부담을 덜 주어 편합니다. 화면 전체가 한눈에 들어와 제대로 파악할 수 있기에 만족스럽게 감상할 수 있지요.

감동하려면
에너지가 필요하다

뇌기능이 저하되면 감동할 수 없다는 것도 알았습니다.

저는 미술관을 좋아해서 보통 컨디션이 좋은 날 관람하러 갑니다. 공부 모임 때문에 나고야에 갔던 어느 날, 이미 잔뜩 사용해서 뇌가 지쳐버렸지만 꼭 보고 싶은 고흐의 그림을 보러 나고야 보스턴 미술관에 갔습니다.

그날 저는 '이 작품 진짜 대단하다.'라고 생각했지만, 마음은 미동도 하지 않았습니다. 생생한 힘이 배 속에서 치미는 것도, 전율을 일으키는 감동이 온몸으로 퍼지는 것도, 무엇 하나 일어나지 않았지요.

무척 기묘한 감각이었습니다. 아름다운 색과 구도는 있는 그대로 보였고 대단한 작품이라고 생각했는데, 감동은 느껴지지 않았습니다. 뇌의 시각 구역에서 감동으로 이어지는 회선이 가위로 싹둑 잘린 것 같은, 저 자신이 안드로이드가 된 듯한 느낌이었지요.

감동에도 많은 에너지가 필요합니다. 나이 때문인지 모르지만 미술관에서도 금세 지치게 된 요즘은 넓은 전시장에서 마음에 드는 몇 작품만 천천히 보고 나옵니다.

비가 내릴 때는
우산을 쓰면 그만

뇌가 정상적으로 기능하지 않는 것은 요즘도 자주 있는 일입니다. 이제는 아주 익숙해져서 뇌기능의 기복에 맞춰 생활하는 것이 일상이 되었습니다.

머리를 쓰는 일은 오전 중에 하는데, 점심을 먹고 나면 지쳐서 잠들 때가 많습니다. 오후에는 주로 집안일과 잡무를 처리하지요. 어떤 날은 날씨나 몸 상태 때문에 아침부터 기운 없이 늘어지기도 하고요.

건강한 사람과 좀 다른 생활이지만, 더 이상 그 생활 자체를 비관하지는 않습니다. 비가 내리면 누구나 잠자코 우산을 쓰지 않나요? 비에 대고 불만을 터뜨리는 사람은 없을 겁니다. 그처럼 저도 상태가 나쁘면 그냥 쉴 뿐입니다.

뇌가 피곤해서 힘들 때는 누워서 눈을 감습니다. 원고를 쓰다 뇌에 피로가 쌓이면 일을 멈추고 동네를 어슬렁거리며 풀과 나무를 바라보기도 하지요. 화단에 흐드러지게 핀 꽃들보다는 잡초와 나뭇잎이 지친 뇌에 도움이 됩니다. 식물의 초록빛만큼 뇌의 피로를 풀어주는 것이 없는데, 저에게는 특효약이나 마찬가지입니다. 심지어 공짜고요. 집 근처에서는 들을 수 없지만 물이 흐르는 소리도 저에게는 약이랍니다.

스트레스가 뇌에 가장 좋지 않음을 체감해서 알기 때문에 항상 전력으로 피하려 합니다. "스트레스를 피하기란 어렵지 않나요?"라는 질문을 받은 적이 있는데, 저는 직장이 없고 조직과도 연이 없기 때문에 의리나 인정보다 제 몸(뇌)을 우선하겠다고 마음만 먹으면 스트레스를 꽤 많이 줄일 수 있습니다.

제 몸을 우선하는 것은 병에 걸리기 전에는 하지 못했던 일입니다. 본래 저는 무언가 부탁을 받으면 "NO"라고 하지 못하는 사람이었습니다. 아무리 힘들어도 제가 탄 배가 나아가는 이상 배에서 내릴 생각은 하지 못하는 사람이었지요. 그러다 제가 탄 배가 침몰해서 바다로 떨어졌고, 그제야 저는 최우선 순위를 바꿀 수 있었습니다.

　이제는 불치의 병에 걸린 것이 삶의 방식을 바꿀 수 있었던 몇 안 되는 기회 중 하나였다고 생각합니다.

눈 은 뇌 의 창 문

서른 살쯤에 잊을 수 없는 일을 겪었습니다. 어느 날, 당시 유아였던 제 아이가 밤새 고열에 시달리더니 아침에 열성 경련을 일으켰습니다. 전에는 경련이 일어나도 1분 정도 지나면 그쳤는데, 그날은 꽤 오래 계속되었고 경련이 멈춘 다음에는 꼼짝도 하지 않았습니다. "호흡을 안 해!" 남편의 말에 저는 구급차를 불렀습니다.

아이는 한참 동안 의식을 잃었다가 구급차 안에서 눈을 떴습니다. 부모의 얼굴도 알아보지 못했고, 뭐라 해야 할지도 모르는 것 같았습니다. 그저 우우 하고 신음 비슷한 소리를 내며 남편의 품에서 필사적으로 벗어나려 했지요.

그때 아이의 얼굴은 제가 알던 것과 전혀 달랐습니다. 표정과 눈빛만이 아니라 얼굴 자체가 다른 사람이 되었던 것입니다. 구급대원들은 제가 무슨 질문을 해도 그저 묵묵히 고개를 숙이고 있을 뿐이었고, 저는 산소 결핍 때문에 아이의 뇌에 돌이킬 수 없는 손상이 생긴 줄 알았습니다.

아이는 다시 의식을 잃었는데, 병원에서 눈을 떴을 때는 평소 같은 얼굴로 "여기 어디야?"라고 물었습니다. "○○(아이의 이름), 무서웠어. 엄마, 엄마, 하고 계속 불렀어."라고도 했지요.

저는 그때 일을 결코 잊지 못할 것입니다. 그때 처음으로 사람의 얼굴이란 고정된 것이 아니라 뇌의 상태에 따라 달라져 버린다는 사실을 알았습니다.

뇌의 상태가
눈에 나타나다

저는 제 병이 '뇌의 상태가 달라지는 병'이라는 걸 실감하고 있습니다. 피로, 스트레스, 날씨(온도와 기압의 급격한 변화)가 주된 원인이긴 한데, 아무 이유 없이 갑자기 상태가 나빠지기도 합니다. 한창 낮잠을 자다가 괴로워서 눈뜬 적도 있지요.

그럴 때 거울을 보면 제 얼굴이 좀 달라져 있습니다. '지금은 뇌가 꼼짝도 안 해.'라고 자각할 때는 눈이 작고 생기도 없습니다. '썩은 동태눈'이라는 표현이 있는데, 그야말로 흐리멍

덩하니 눈에 빛이라고는 없지요. 거울을 보면서 '아, (중증) 인지저하증의 얼굴이네.'라고 생각한 적도 있습니다.

친정에 갔을 때 "얼굴이 시시각각 변하는 걸 알겠다."라는 말을 들었습니다. 나중에 어떤 얼굴이었는지 물어보자 "사람 얘기를 알아들었는지 못 알아들었는지, 도무지 알 수 없는 멍한 얼굴"이었다고 하더군요. 그때 저는 주위에서 오가는 대화를 전부 듣고 있었습니다. 다만 갑자기 일어난 강한 권태감과 머릿속의 불편한 느낌 때문에 생각하기가 힘들어서 그저 눕고 싶었고 대화에 참여하기가 힘들었습니다.

카메라 좀

꺼!

저는 환시와 착시 외에도 여러 가지 눈의 문제를 겪고 있습니다. 어두운 곳에서 시력이 떨어지는데 특히 파란색이 잘 보이지 않는다고, 그리고 밤중에 빛을 보면 너무 눈부셔서 힘들다고 앞서 적었지요.

자주 있는 일은 아니지만, 뇌가 시각 정보를 제대로 처리하지 못하는 것이 느껴지곤 합니다. 한번은 산책하러 나갔는데 눈에 보이는 세계 전체가 상하로 크게 흔들리기도 했습니다.

놀라서 멈춰 서니 흔들림이 멎더군요. 현기증이나 지진은 아니었던 것입니다. 조금 걷자 흔들림이 사라졌는데, 처음에는 깜짝 놀랐습니다. 뇌에는 카메라처럼 흔들림 보정 기능이 있는데, 그것이 갑자기 작동하지 않은 것일까 상상했습니다.

남편이 권해서 영화 『카메라를 멈추면 안 돼!』를 보러 갔을 때의 일입니다. 영화 초반부에 핸드헬드hand-held 기법으로 촬영한 질주 장면이 나왔는데, 저도 자리에서 일어나 화장실로 질주했습니다. 흔들림이 계속되는 장면을 보다 멀미가 난 것입니다. 위가 텅 빌 때까지 구역질이 멈추지 않았고 오랫동안 주저앉아 거칠게 숨을 쉬었습니다. 집에 돌아가서는 그대로 드러누웠는데 메슥거림이 이튿날까지 이어지더군요. 원래 뱃멀미를 하는 체질이었지만 그렇게 심한 건 처음이었습니다. 체질과 레비소체병의 자율신경장애에 더해 뇌의 시각 정보 처리에도 문제가 있었던 것 같습니다.

세 계 가

싹 둑 끊 기 다

익숙하지 않은 계단에서 갑자기 움직이지 못하게 된 경험도 몇 차례 있었습니다. 오래된 전통가옥의 폭이 좁고 경사가 급

한 계단, 그리고 케이블카에서 내리는 길에 있는 폭이 들쭉날쭉한 계단을 마주쳤을 때 그랬지요.

예전에 저희 집 거실의 벽이 반구형으로 부풀어 오르는 착시를 본 적이 있는데, 그때처럼 계단이 변형되거나 움직이는 듯이 보이지는 않았습니다. 눈에 비친 계단은 본래 모양 그대로였지요. 하지만 제가 보는 세계에 대해 극심한 위화감이 들었습니다. 마치 눈앞의 세계와 저 사이의 연결이 싹둑 끊긴 듯했지요. 누군가가 지금 여기 있는 풍경에서 저만 빼내어 전혀 이질적인 공간에 덩그러니 놓은 듯한 감각… 제가 거기에 서 있는 건지 아닌지 잘 모르겠는, 정체불명의 불안정함에 둘러싸였습니다.

계단은 보이는데 제 몸은 어딘가 다른 곳에 있는 것 같았습니다. 어떡해야 제 몸이 계단을 향해 움직일지 알 수 없었습니다. 한 걸음 내디디려 해도 영문 모를 두려움과 불안감만 고조되었죠. '몸이 맘대로 안 움직여…' 초조했습니다. 현기증이 난 건 아닌데 머리가 빙빙 돌기 시작했습니다. '도와줘!'라고 외치려는 순간, 불현듯 이변이 사라졌고 저는 문제없이 계단을 내려왔습니다.

나중에 추측해보았는데, 눈으로부터 입력된 3차원 시각 정보를 뇌가 갑자기 처리하지 못했던 것이 아닐까 싶습니다. 뇌와 눈과 몸을 잇는 회로에 문제가 생겨서 제대로 접속되지 않는 바람에 정보의 흐름이 정체되었던 게 아닐까요. 예전에 많았던 접촉 불량 전기제품은 일단 멈춰도 뭔가 상태가 바뀌면 다시 전기가 흘러서 아무 일 없었던 듯 작동했지요. 제 뇌에서도 비슷한 일이 일어나는 것 같습니다.

뇌는 부지런한 일꾼,
하지만 툭하면 속는다

눈앞의 컵 들기, 물웅덩이 뛰어넘기, 쓰레기통에 휴지 던져 넣기…. 이런 일을 할 때 뇌는 눈을 통해 입력된 이미지로부터 순식간에 거리, 높이, 폭, 깊이 등 다양한 정보를 측정해서 정확한 순서와 타이밍과 강도로 근육을 차례차례 움직입니다. 이토록 고도로 복잡한 작업이 눈 깜박할 사이에 무의식적으로 이뤄지지요.

그러니 뇌는 슈퍼맨이나 다름없겠습니다. 절로 존경하고 감사하는 마음이 샘솟지요. 그런데 한편으로 뇌는 무척 단순해서 툭하면 속곤 합니다. 인간미가 있다고 할까요.

모든 사람이 조금씩 뇌의 혼란을 느낄 때가 있는데, 바로 고장 나서 멈춰 있는 에스컬레이터 위를 걸을 때입니다. 뇌는 '움직이는 에스컬레이터에 맞춘 계산식'을 사용해 근육에 명

령을 내리는데 정지한 에스컬레이터와는 맞지 않습니다. 다들 골탕을 먹은 듯이 한순간 부자연스러움을 느꼈을 겁니다.

돌 모양 발포 스타이렌 수지 조형물을 진짜 돌인 줄 알고 들어 올린 적이 있습니다. 뇌가 정말 깜짝 놀랐는데, 저는 정지한 에스컬레이터에 오를 때보다 흥미로웠습니다. 뇌는 보기만 해도 중량까지 가늠해서 손의 근육을 조종하는 모양입니다.

누구나 더욱 강한 혼란을 경험할 수 있는 도구도 있습니다. 상하좌우가 뒤집혀서 보이는 특수한 실험용 안경입니다. 저는 30대에 그 특수 안경을 써봤는데 겁이 나서 어정어정 걷는 것밖에 못 했습니다.

글자를 한번 써보라고 종이와 연필을 건네받았지만 종이 위에 선이 그려지는 걸 보니 글자를 쓸 수 없었습니다. 한자를 쓰려고 세로로 한 획을 그었는데, 연필이 아래에서 위로 움직이며 반대 방향으로 선이 그려졌습니다. 왼쪽에서 오른쪽으로 연필을 움직이면 그 반대로 선이 그려졌고요. 내가 하는 동작과 눈에 보이는 움직임이 일치하지 않자 뇌는 큰 혼란에 빠졌습니다. 내 손이 마치 다른 사람 손으로 바꿔치기를 당한 것 같아서 내 손인데도 마음대로 움직이지 않았지요. 결국 아무리 힘내도 글자 형태를 만들 수 없었고, '아, 이제 못 하겠어.'라고 생각하자 더 이상 손이 움직이지 않았습니다.

그렇지만 눈을 감으면, 어설프나마 술술 글자를 쓸 수 있었습니다. 뇌는 정말 쉽게 보이는 것에 속아서 몸을 움직이는 것조차 못 하고 만다는 사실을 알았습니다.

놀라운 점은 특수 안경을 매일 착용하면 점점 익숙해져서 이윽고 문제없이 생활할 수 있다는 것입니다. 익숙해진 다음에 안경을 벗으면 다시 처음 안경을 썼을 때처럼 혼란에 빠져서 악전고투하는 나날이 시작된다고 하지요. 뇌는 한 번에 한 가지 방법으로만 볼 줄 아는 것입니다.

'익숙함'이라는
요소도 있다

저처럼 일상생활에서 눈에 많이 의지하는 사람들은 밤중에 정전이 되면 아무것도 하지 못합니다. 반면 눈이 보이지 않는 이들은 정전이 되어도 문제가 없지요. 눈 대신 다른 감각으로 소리와 공기의 흐름 등을 느껴서 풍부하게 세계를 지각하는 것입니다. 저를 비롯해 눈이 보이는 사람들은 자신이 인식하는 방법밖에 모르기 때문에 눈이 보이지 않는 이들의 세계를 상상도 할 수 없습니다.

'새처럼 날 수 없어서 불편하다.' '물고기처럼 물속에 있을 수 없다니 비참하다.' 이렇게 생각하는 사람은 없을 것입니다.

동물한테는 그러면서 자신이 타고난 능력을 지니지 못한 다른 사람을 보거나 그 사람의 생활을 상상하면 '얼마나 불편할까…' 하고 생각해버립니다. 신기한 일입니다. 자신의 신체가 어떠한지에 따라 제한을 받고, 그 신체가 인식하는 범위의 세계밖에 상상할 수 없는 게 더 자유롭지 않은 것인데요.

휠체어를 체험한 아이들이 "많이 힘들다는 걸 이제는 잘 알겠어요." 하고 감상을 말하자 항상 휠체어를 이용하는 구마가야 신이치로熊谷 晋一郎[6] 씨가 "아냐. 그만큼 힘들지는 않아. 내 생각에는."이라고 말해서 다 같이 웃음을 터뜨리는 장면을 본 적 있습니다.

제가 시나리오를 쓴 'VR인지증: 레비소체병 환시편'이 공개된 직후에는 체험한 사람들 대부분이 "너무 무서운데요!"라는 감상부터 말했습니다. 그래서 체험 프로그램에 제가 다음처럼 이야기하는 영상을 덧붙였습니다. "계속 무섭지는 않고, 점점 익숙해져요. 당사자와 가족이 환시를 이상하게 여기지 않는다면, 평온하게 환시와 공존할 수 있어요."

'VR인지증' 시리즈 중에 '나를 어떻게 하려는 건가요?'라는 작품이 있는데, 체험을 시작하면 고층 빌딩 옥상의 끄트머리

---

[6]   구마가야 신이치로 씨는 소아과 전문의로 도쿄대학 첨단과학기술연구센터의 부교수입니다. 그는 뇌성마비 당사자로 항상 휠체어를 이용합니다. ―지은이 주

에 서 있게 됩니다.[7] 온몸을 휘청거리며 양팔로 균형을 잡는 사람이 있고, 아무렇지 않은 듯 똑바로 서 있는 사람도 있습니다. 똑같은 VR 영상을 보는데 사람마다 신체 반응이 완전히 다른 것이죠.

그렇다면 저는 어땠느냐. 체험 중에 균형을 잃고 넘어지는 추태를 보였답니다. 앞서 소개했던 'VR인지증' 프로젝트의 창시자 시모가와라 다다미치 씨는 "1000명 넘게 체험했지만 넘어진 사람은 히구치 씨가 처음이에요."라고 하더군요. 1000명 중 1명이라니, 저의 시각 정보 처리 능력과 운동 능력 사이의 어딘가에 장애가 있기 때문이 아닐까 생각했습니다. (참고로 VR 영상 체험자는 수만 명을 넘어서 계속 늘어나고 있습니다.)

---

7   시공간 인지장애 당사자가 실제로 겪은 일에 기초해 만들어진 VR 영상이다. 고층 빌딩 옥상에 서 있는 장면으로 시작되는데, 위태로운 상황임에도 주위 사람들은 계속 괜찮으니 내려가자고 재촉한다. 체험자가 무서워서 주저하다 보면 이윽고 옥상에서 떠밀려 떨어지는 느낌을 받게 되는데, 실은 자동차에서 내릴 뿐이었다는 것을 깨달으며 영상이 끝난다. 갑자기 혼란에 빠지곤 하는 인지저하증 당사자의 입장을 헤아릴 수 있도록 구성되었으며, 인지저하증 당사자에게 기억장애 외에 다른 증상도 있다는 것을 알려준다.

나를 구원해준
말

눈이란 참 불가사의한 기관입니다. 마음을 사로잡는 것 앞
에서는 어린아이든 노인이든 눈을 반짝반짝 빛내는데, 정말로
눈 속에서 무언가 일어나는 걸까요?

웃는 얼굴이 아니라 해도 밝게 빛나는 눈을 마주하면 저까
지 마음이 끌려서 보는 것만으로도 마음이 고양됩니다. 반대
로 멍한 눈은 보기만 해도 저까지 기분이 가라앉아서 절로 멀
리하게 되지요. '정신 상태'라고 불리는 뇌의 상태가 눈빛이라
는 방식으로 나타나서 전염되듯이 타인의 뇌에 작용하여 서
로 동기화하는 것입니다. 참으로 불가사의한 현상 아닌가요.

마음이 희망으로 가득하면 세계는 아름답게 빛나는 곳으로
보이지만, 절망에 휩싸여 있으면 활짝 핀 꽃조차 아름답게 느
껴지지 않습니다. 그런 경험을 하면서 뇌가 세계를 있는 그대
로 인식하지 않는다는 것을 알게 되었습니다. '우리는 눈앞에
있는 똑같은 세계를 보고 있다.' 이런 말은 착각에 불과합니다.
수많은 사람만큼이나 수많은 세계가 존재할 것입니다. 그리고
누군가의 세계는 그 사람의 내면에서 크게 변화해갑니다.

레비소체 인지저하증에 걸렸다는 걸 처음 알았을 때, 저는
제 미래에 희망이 전부 사라졌다고 믿었습니다. 바다를 보면

제가 물속으로 빠져드는 상상을 했고, 도로의 자동차를 보면 저에게 달려들지 않을까 매일 생각했을 정도입니다. 그런 상태에서 벗어날 수 있었던 것은 가족과 친구 덕분입니다.

책에 쓰여 있는 글들도 제가 괴로울 때마다 큰 힘을 주었지요.

"우리의 인생이란 틀림없이 우주가 우리에게 보여주는 꿈일 것이다."

철학자 이케다 아키코池田 晶子가 『잔혹 인생론』[8]에 쓴 글은 당시 저에게 큰 위안을 주었습니다.

스스로는 손쓸 수 없는 상황이 되어버렸지만, 이 역시 우주가 보는 꿈이라면, 그럴 수도 있겠지. 하나의 생명은 덧없이 짧지만, 어쨌든 이토록 부족한 나도 우주로부터 생명을 받은 것 아닐까…. 그렇다면 그 생명은 내 생각보다 소중할지 몰라.

우주가 보는 꿈에는 성공도 실패도 없을 거야. 다른 사람 눈에 어떻게 보이든 우주가 보기에는 모두 하찮을 테니까.

얼어붙은 밤하늘을 올려다보면 작은 별이 조용히 깜박이고 있습니다. 그 빛은 티 없이 맑고 아름다워서 예전에도 지금도 저를 위로하며 용기를 북돋워줍니다.

---

8   『残酷人生論』毎日新聞社 2010.

잠을 잔다는 고행

잠자는 것을 좋아하지 않게 된 지 20년 가까이 되었습니다.

수면이란 꽤나 복잡한 행위입니다. 젊을 때는 저도 어떤 환경에서든 눕자마자 잠들었고, 숙면한 뒤에는 상쾌하게 일어났습니다. 지금 돌이켜보면 터무니없는 신체 능력이었습니다. 뇌가 특출하게 건강하지 않은 이상 해낼 수 없는 일이거든요. 저는 '건강'의 조건이 '튼튼함과 둔감함'이 아닐까 생각합니다.

제 병은 알츠하이머병에 비해 꽤 이른 시기부터 수면장애를 겪는다고 합니다. 저 역시 41세에 처음 병원을 찾았던 이유가 불면 때문이었지요. 두통과 권태감도 심했는데, '아무튼 잠을 못 자면 일을 못 하니까 약만 받아서 먹자.'라는 가벼운 생각으로 종합병원을 찾아갔습니다. 그 후 약 6년간 '우울증' 환자로 계속 통원하게 되리라고는 상상도 못 했지요.

레비소체 인지저하증 환자 중에는 처음에 우울증 진단을 받는 경우가 많습니다(295면 참조). 레비소체 인지저하증 환자 중 과반수가 강한 약제 과민성을 보이기(263면 참조) 때문에 우울증 약을 복용하며 부작용에 시달리는 경우 또한 많지요. 제가 겪은 부작용도 심각했습니다. 매년 주치의가 바뀔 때마다 약을 끊고 싶다고 말했는데, 처음으로 동의해준 의사가 바로 마지막 주치의였습니다. 항우울제를 끊자 6년 만에 기운이 돌아오더군요.

다만 그 뒤로도 잘 자지 못하는 증상은 계속되어 이제는 일상이 되었습니다. 기복이 있지만요.

수면제를 오랫동안 드문드문 복용해왔는데, 어느 날부터 전혀 효과가 나타나지 않았습니다. 효과는 없는데 이튿날 낮까지 머릿속에 나쁜 기운이 남길래 아예 수면제를 끊었습니다. 더 이상 기댈 것이 없으면 사고방식도 재깍 전환됩니다. '하루 이틀 잠을 못 잔다고 죽지는 않아.'라고 주문처럼 되뇌다 보니 어느새 불면에 대한 불안감이 엷어졌습니다. 그러는 것만으로도 불면의 밤이 꽤 줄어들지 않았나 싶습니다.

잠들 즈음이
무서워

잠들기 어려운 건 매일 그렇지만, 종종 잠이 들려다가 갑자기 고통스러워서 깨어나기도 합니다. 간신히 의식이 두둥실 떠올라 잠 속으로 빨려 들어가는 찰나 돌연 가슴 위쪽으로 극심한 고통이 느껴지며 눈이 뜨이는 것입니다. 몸속에서 무슨 일이 일어났는지는 모릅니다. 그저 길 가다 이유 없이 한 대 맞은 기분만 들지요.

이불 속에서 차츰 진정해 다시 스르륵 잠에 빠지려 하면, 그 순간 또다시 같은 고통이 닥쳐서 저를 두들겨 깨웁니다. 그런 일이 반복됩니다. 어떤 때는 신음하거나 비명을 지르는데, 그러면 남편이 새파랗게 질리곤 합니다.

가슴의 고통과는 별개로 잠들 즈음이나 낮잠을 자는 와중에 머릿속에 불쾌한 느낌이 들어 깨어나기도 합니다. 혈압 때문인지 혈류가 이상한지, 아니면 무언가 발작이 일어나는 것인지 모르지만, 아무튼 뇌에 좋은 일이 벌어지는 것 같지는 않습니다. 그럴 때마다 뇌의 신경세포가 손상되지는 않을까 하는 걱정이 들어 불안합니다. '아무 문제도 없어요. 괜찮으니까 안심하세요.' 이렇게 전문가가 보증해주면 좋을 텐데 말이지요.

잠들 즈음에 겪는 현상에도 기복이 있습니다. 아무 일 없는 시기가 있는가 하면, 매일 밤 힘든 일이 계속되기도 하지요. 정신적인 스트레스가 원인이라는 것은 경험적으로 아는데, 스트레스와 상관없이 일어나는 날이 있어서 예방법도 대책도 모르겠습니다.

매일 밤 계속될 때는 잠자리에 들기 무서울 정도입니다.

한번은 수면 시 무호흡 증후군이 염려되어 주치의와 상담한 적이 있습니다. 주치의는 "잠이 들 때만 그런 거라면 아닐 것"이라고 하더군요. 보통은 밤중에 두세 차례 깨어나는데 고통 탓에 눈을 뜨지는 않습니다. 주치의는 "레비소체 인지저하증이 되면 뇌에서 수면과 각성을 관장하는 부분에도 장애가 생기기 때문에 수면과 관련해 정말 다양한 문제가 일어난다."라고 설명해주었습니다.

벌떡 일어나는 정도가 아닐 때도 종종 있습니다. 자리에 눕자마자 뇌가 각성하거나 참기 힘들 만큼 몸이 답답하거나 속이 나빠지는 것이지요. 제 병의 증상 중에는 머리의 높이에 따라 혈압이 급격히 오르내리는 것(일어설 때 저혈압, 누울 때 고혈압)도 있는데, 그 영향일 수도 있습니다.

어울리기 힘든
사람

뇌에 피로가 쌓인 날에는 잠자리에 들 때 반드시 전신이 짓눌리는 것 같은 증상이 더 심해집니다. 앞서 강연 등으로 뇌를 혹사하면 너무 지쳐서 축 늘어진다고 했지요. 한시라도 빨리 쉬고 싶지만 그런 밤일수록 한참을 끙끙대고 이리저리 몸부림치면서 괴로워합니다.

밤늦게 귀가해서 취침 시간이 평소보다 늦어진 날도 상태가 비슷합니다. 밤까지 이야기를 나누고 눈부신 조명을 쬐는 등 이런저런 자극을 받아서 뇌가 흥분한 탓일까요. 그래서 아무리 즐거운 모임이라도 잠자리에 들 때의 고통이 두려워 도중에 적당히 빠져나옵니다. 여력을 충분히 남겨두지 않으면 혼자서 전철을 타고 무사히 집까지 갈 수 있을지 자신 없기도 하고요. 하지만 사람들에게 굳이 이유를 설명하지는 않으니 저는 어울리기 힘든 사람으로 통하고 있을 겁니다.

그러면서도 '저 사람은 환자니까.'라며 저를 전혀 불러주지 않으면 쓸쓸할 것 같습니다. 참 제멋대로입니다. 그렇게 저는 되도록 밤 외출을 삼가며, 어쩌다 외출하면 통금이 있는 고등학생처럼 허둥지둥 집으로 돌아갑니다.

잠자리에 들면 몸속의 이런저런 스위치가 전환되는 것 같습니다. 이불 속에 들어갈 때는 발과 허리 주변 등 신체 일부가 너무 차서 힘든데, 좀 따뜻해지나 싶으면 갑자기 더워져서 땀이 나곤 합니다. 온몸이 흠뻑 젖는 날도, 손바닥과 발바닥에만 땀이 나는 날도 있지요. 심지어 오른손에만 땀이 나고 왼손은 건조한 기묘한 일도 있었고요. 잠자리 옆에 이불을 얇은 것부터 두꺼운 것까지 여러 종류 두는데, 하룻밤 사이에도 여러 번 이불을 바꿔서 덮습니다.

"일을 끝내고 이불에 들어가서 잠잘 때가 가장 행복해." 지인이 이렇게 말했는데, 그게 얼마나 행복한지 저는 이제 기억나지 않습니다.

악몽과
잠꼬대

제 병에 걸리면 증상이 나타나기 전부터 렘수면 행동장애를 높은 빈도로 겪는다고 합니다. 잠꼬대를 옆방에 들릴 만큼 크고 명료하게 하거나, 악몽을 꾸고 절규하거나, 꿈에서 하는 대로 행동하는 증상이죠.

제가 악몽을 꾸고 큰 소리로 소리치기 시작한 것은 수면장애를 겪기 수년 전이었습니다. 한때는 같은 꿈을 반복해서 꾸기도 했지요.

저는 홀로 외국의 좁은 골목을 달리며 도망치고 있습니다. 벽에 둘러싸인 미로 같은 길. 행인은 보이지 않습니다. 저를 죽이려고 쫓아오는 인물이 바로 지척까지 다가왔습니다. 결국 막다른 길에 다다랐고, 도망치려 해도 공포 때문에 몸이 꼼짝하지 않습니다. 소리치려 하지만 목이 꽉 막혀 소리가 나오지 않고요. 소리를 내려고 계속 힘을 쥐어짜는데, 그 순간 도끼 같은 것이 저의 머리를 내려칩니다.

벌떡 일어나며 지른 저의 비명에 "왜 그래!" 하는 남편의 외침이 더해졌습니다. 저는 한동안 숨을 거칠게 헐떡였지요.

그 후 몇 년은 이 꿈을 꾼 적이 없습니다. 아마 더 이상 꾸지 않을 것 같습니다. 병을 계기로 제가 무리하지 않으며 살게 되었기 때문이겠죠.

최근 1년간은 전혀 꿈을 꾸지 않았는데, 이 역시 뇌에 이상이 일어난 게 아닐까 생각했습니다. 제 생각을 남편에게 이야기했더니 의외의 사실을 알려주더군요.

"어? 잠꼬대를 엄청 크게 잘만 하는데, 그것도 자주. 기억 안 나?"

꿈과 생시의
틈새에서

꿈을 비롯해 수면 중에 이뤄지는 뇌의 활동에 대해서는 아직 밝혀지지 않은 부분이 많다고 알고 있습니다. 저와 같은 병에 걸린 친구는 "현실과 구별할 수 없을 만큼 너무 리얼한 꿈을 밤마다 꾸니까 통 잠을 잔 것 같지가 않아. 24시간 깨어 있는 느낌이라 피로가 풀리지 않는다니까."라고 하더군요.

잠잔 것 같지가 않고, 눈뜬 순간부터 피로감을 느끼는 건 저 역시 마찬가지입니다. 제 병은 수면과 각성을 전환하는 스위치에 문제를 일으킨다고 하는데, 그 밖에도 이해할 수 없는 일이 많이 일어납니다.

이불 속에서 아직 잠들기 전에 꿈이 시작된 적도 있습니다. '깨어 있는데 왜 꿈을 꾸는 거야!' 깜짝 놀랐습니다. 주위에서 나는 소리를 모두 인식하면서 꿈을 보았거든요.

제 병의 증상 중에는 변형시증變形視症이라는 것이 있습니다. 방이 일그러져 보이거나 복도가 물결치듯이 보이는 증상으로 저에게는 꿈속 광경이 계속 그렇게 보입니다.

꿈에 스토리는 없습니다. 꿈속에서 저는 방에 누워 있거나 앉아 있고, 제가 보는 방 안은 흐물흐물하게 일그러지며 크게 흔들립니다. 만취했을 때와 비슷한 느낌이지만, 훨씬 격하게 공간이 굽고 일렁이기에 어디가 천장이고 어디가 바닥인지조차 알 수 없습니다. 몸은 마치 빈혈 때문에 쓰러지기 직전 같아서 무척 답답하고 속도 나쁩니다. 그야말로 위기 상황이지요. 어떻게든 일어서려 하지만 쓰러지고, 다시 기다시피 일어나려 하다 쓰러지는 걸 반복합니다.

꿈에서 깨어나도 머리는 무겁고 기분이 이상합니다. 속의 메슥거림도 사라지지 않고요. 힘들어서 움직이지 못한 채 누워 있다가 다시 잠들어버리기도 합니다. 평범한 꿈이 아니라 뇌에서 뭔가 이변이 벌어지는 것 같지만 의사조차 무슨 영문인지 알지 못합니다.

뇌가 만들어낸 '현실'

그래도 한번은 제가 그 꿈에 맞섰던 적이 있습니다. 졸저 『내 뇌에서 일어난 일』에도 그에 대해 적었습니다.

이번에는 꿈속에서 눈을 감았다. 그저 암흑이 되자 현기증이 거의 사라졌고 나는 무언가 붙잡고 걸으며 방 안을 이동할 수 있었다.

나는, 극복했다. 꿈에서 깨어난 뒤에 무척 기뻐했다.

증상에 우롱당하기만 하지 않았다. 극복할 수 있었다.

앞으로 볼 환시에 대해서도 무언가 대응책을 찾을 수 있을 것이다.

사람들이 '눈앞에 있는 현실'이라고 믿는 세계는 사실 눈이 보낸 정보를 뇌가 선택하고 보완하는 여러 과정 끝에 재구성된 영상에 지나지 않는다고 합니다.

꿈도 현실도 '뇌가 보는 것'이라는 점에서는 다르지 않습니다. 꿈에 비해 너무나 단조롭지만, 제가 보는 환시 역시 뇌가 만들어내는 '현실'이지요.

현실과 꿈과 환상. 그것들에는 진짜도, 가짜도, 올바름도, 그릇됨도 없을 것입니다. 사람은 현실에 없는 것을 볼 수 있었던 덕에 아름답고 풍요로운 세계를 만들어냈고, 나아가 결코 보이지 않는 영원과도 연결될 수 있었으니까요.

내 목을 조이는
손을 풀어라

"히구치 씨는 병세가 전혀 악화되지 않았네요." 하는 말을 듣곤 합니다. 제 뇌는 기분 좋게 일할 때와 휴업할 때가 있습니다. 평균치는 의미가 없기에 간단히 비교할 수 없지만, 점점 하기 어려워진다고 스스로 자각하고 있는 일이 여럿 있습니다. 그중 하나가 사람들 앞에서 이야기하며 시간을 배분하는 것이지요.

저는 한 달에 두세 차례 강연을 합니다. 30분이든 90분이든 주어진 시간이 얼마나 남았는지 감각적으로는 알기 어려워서 그간 이런저런 대책을 강구했습니다.

우선 강연장의 스크린에 나타나는 강연 자료를 보며 시간을 파악하는 방법을 썼지요. '이 페이지는 2분, 다음 페이지는 4분.' 하는 식으로 미리 강연 자료의 모든 페이지에 시간을 배분하고 커다란 노트에 페이지별 시간과 누적 시간을 큼지막하게 써두었습니다.

강연장에는 타이머를 가지고 가서 노트에 쓰인 숫자와 비교하며 이야기했습니다. 이 방법을 1년 정도 사용했습니다. 강연마다 자료에 새로운 내용이 추가되어서 시간 내에 다 이야기할 수 있는지 미리 시험하기도 했지요.

그런데 노트와 타이머의 숫자를 모두 신경 쓰는 것이 점점 어려워졌습니다. 저는 재롱잔치를 하던 유치원생 시절부터 사람들 앞에서 긴장하는 회로가 끊겨 있었기 때문에 무대 공포증 같은 건 없습니다. 그 덕에 강연장에서 냉정함을 유지하지만, 말하기만도 벅차서 시간 배분까지는 신경 쓸 수 없게 되었습니다.

강연을 시작하면서 타이머 버튼을 눌러야 하는데 깜박하는 일이 잦아졌습니다. 버튼을 눌러놓고 거의 마지막까지 타이머의 존재를 잊기도 하고요. 갈수록 노트와 타이머는 쓸모가 없어졌습니다. 강연이 끝나갈 즈음에서야 '아, 시간!' 하고 떠올리면, 그때부터는 타이머에서 눈을 떼지 못했습니다. 매번 시간이라는 상대와 격투를 하는 기분이었지요.

하는 수 없이 시간 배분에 실패해도 주어진 시간을 초과하지 않도록 강연 자료의 페이지를 점점 줄였습니다. 강연에서 다루는 항목도 계속 적어지고 있지요.

'가능한 일'에서
'불가능한 일'로

강연 활동을 시작하고 수년 동안 환시 외의 증상은 그다지 이야기하지 않았습니다. 출판사 이가쿠쇼인의 웹 매거진 「칸칸!」에 연재하면서 제가 겪는 증상을 좀더 자세히 밝혔고, 그 일을 계기로 다양한 증상에 대해 구체적으로 이야기하기 시작했지요.

이야기할 수 있기까지 시간이 꽤 오래 걸렸구나 싶습니다. 저는 이미 실명으로 병을 밝혔음에도 '평범한 사람이 평범하게 해내지만 내게는 어려운 일, 아무리 노력해도 할 수 없는 일'을 다른 사람들에게 이야기하기란 꽤나 어려웠던 것입니다.

큰맘 먹고 이야기해보니 증상을 구체적으로 전달하는 편이 청중의 생생한 반응을 느낄 수 있더군요. 저부터 증상을 재미있어하며 제가 겪은 실패를 웃긴 일화처럼 이야기했는데, 청중의 반응에 순수한 놀라움은 있을지언정 경멸이나 연민은 없었습니다. 그래서 정말로 마음이 놓였습니다.

제가 목소리를 내기 시작한 무렵에는 '인지저하증인 사람은 아무것도 몰라. 아무것도 못 해.' 하는 것이 통념처럼 여겨졌습니다. 그래서 처음에는 통념과 반대되는 이미지, 즉 '가능한 일'을 강조해야 한다고 생각했습니다. 인지저하증에 대한 편견을 바로잡기 위해 목소리를 높인 것이니까요.

그렇지만 저의 약한 면을 숨긴 채 '가능한 일'만 강조하다 보니 사람들은 저에게 아무런 어려움도 없다고 오해하기 시작했습니다. '가능'과 '불가능'이라는 두 극단 사이에 수많은 상태가 존재한다는 사실은 그리 알려지지 않았던 것입니다. (덧붙여서 '중도 인지저하증이면 아무것도 못 한다.'와 '나는 건강하니까 뭐든 할 수 있다.' 역시 그저 편견에 불과합니다.)

최근 들어 저는 제 증상과 실패담을 생각나는 대로 말하기 때문에 전체적으로 이야기가 깔끔하게 정리되지 않습니다. 꼭 전하고 싶었던 수많은 이야기를 축약해서 말하다가 '시간이 되었으니 끝낼게요.' 하는 식이죠. 모두에게 들려주고 싶은 이야기가 몇 시간 분량은 되는데 어쩔 수가 없네요.

긍정적이고 밝은 이미지에
덩그러니 놓이다

저에게 한 시간 넘게 시간이 주어지고 "조금은 초과하셔도 돼요."라는 말을 들으면 마음이 한결 편해집니다. 뇌는 편하지 않지만요. 어떤 느낌이냐면 10만 킬로미터를 달린 고물 경자동차에 완전히 새로운 승용차의 차체만 덮어씌우고, 시속

150킬로미터로 한 시간을 질주하는 것과 비슷합니다. 자동차가 달리는 걸 본 사람들은 '뭐야, 잘 달리잖아. 겉보기도 평범한데…'라고 생각하겠지만, 질주를 끝내고 차고에 들어간 모습은 아무도 모릅니다.

강연을 마치고 "들어주셔서 감사합니다."라고 인사를 하는 순간, 항상 두통을 느낍니다. '이대로 누웠으면…'이라고 생각하지만 한동안 사람들과 웃으면서 대화를 나누지요.

사람과 만나면 항상 똑바로 정신 차리려 노력하기 때문에 넝마처럼 너덜너덜해진 모습은 누구에게도 보이지 않은 줄 알았습니다. 하지만 지난번에 지인이 이런 말을 하더군요. "강연할 때 건강한 사람보다 파워풀한 히구치 씨의 모습과 힘없이 축 처져서 전철역 개찰구로 들어가는 히구치 씨의 뒷모습 사이에 간극이 너무 커서 충격받았어요."

저의 한심한 본모습은 그리 쉽게 볼 수 있는 것이 아닙니다. 아무리 피곤해도, 두통이 심해도, 사람과 마주하면 자동으로 웃게 되거든요. 미소는 인간관계를 원활하게 해주는 데다 그 자체에 힘이 있습니다. 다만 강연 활동을 하는 인지저하증 당사자에게 항상 긍정적인 활기와 밝은 미소를 기대하는 듯한 분위기는 좀 부자연스럽다고 생각합니다.

저는 일상생활에서 말수가 적고 되도록 외출을 삼갑니다. 사람을 좋아하지만 금방 지쳐버리기에 사교적일 수가 없지요.

최근 들어 저 자신이 만들어낸 활기 넘치는 이미지에 제가 덩 그러니 남겨진 것 같다고 느낄 때가 많아졌습니다.

혼란 속으로
데굴데굴

저는 강연장에 갈 때 혼자 움직이는데, 주최 측에서 종종 "어떤 길로 오세요?"라고 물어봅니다. 저는 매번 "어떻게 가야 가장 편하고 알기 쉽고 환승도 간단한가요?"라고 되묻지요.

처음 환승해보는 역이라면 꼭 인터넷에서 역내 지도를 검색해 살펴봅니다. 커다란 역은 지도를 본들 '너무 복잡해서 전혀 모르겠다.'라는 것만 확인할 뿐이지만요.

요즘은 환승 경로를 1인칭으로 촬영해서 실제 걷는 것처럼 시뮬레이션을 해볼 수 있는 영상이 있어 그걸 보며 예습합니다. 처음 가보는 역에 내리면 '실수 안 하고 환승할 수 있을까…' 하고 긴장하는데, '영상에서 봤던 풍경이다!' 하고 반가운 것만으로도 긴장이 한결 풀립니다.

물론 친절해 보이는 사람들에게 차근차근 물어보면서 나아가면 결국에는 제대로 목적지에 도착한다는 걸 저는 경험으로 알고 있습니다. 다만 약속 시간에 맞춰 도착하려면 미리 준비해야 할 게 잔뜩 있다는 말입니다.

환승하는 법이 헛갈리면 뇌는 순식간에 불안에 점거당하고 데굴데굴 혼란 속으로 빠져듭니다.

'어떡하지. 약속 시간에 늦겠어!'

일단 혼란에 사로잡히면 멈춰 서 있는 전철에 무작정 올라타기도 하고, 손에 들고 있던 표를 잃어버리기도 합니다. 지금까지 그런 실패를 얼마나 많이 겪었던지요.

평소에 꽉 붙잡고 있는 냉정함과 논리적 사고 따위 아무런 도움이 되지 않습니다. 여차할 때 제 뇌는 쓸모없다는 걸, 저는 알고 있습니다. 저에 대한 신뢰가 없는 것이죠. 저는 그루터기에 도끼질을 당한 나무처럼 작은 일에도 힘없이 간단하게 쓰러지고 맙니다.

그래서 불안을 낳는 요소는 가능한 배제하려 합니다. 평상심만 유지한다면 제 뇌는 평소대로 제 역할을 해줄 테니까요.

고 치 고 싶 은
버 릇

앞선 내용을 알츠하이머병에 걸린 친구에게 이야기했는데, 예상하지 못한 말을 들었습니다.

"나는 지각해도 괜찮다고 생각하는데. 지각할지 모른다고 미리 약속 상대한테 얘기해두기도 하고."

생각해본 적 없는 발상의 전환이었습니다. 확실히 심포지엄 등의 주최자는 집합 시간을 꽤 넉넉하게 알려줍니다. 그래서 시간에 맞춰 가도 대기실에서 딱히 하는 일 없이 오랫동안 기다리곤 합니다. 누군가 지각하리라 상정하고 집합 시간을 정하는 것이겠죠. '도중에 문제가 생기면 조금 늦을 수도 있어요.'라고 미리 전해두는 것은 서로에게 쓸데없는 스트레스를 줄이는 좋은 방법인 것 같습니다.

그런데 저의 경우에는 약속의 대부분이 담당자와 전철역 개찰구에서 만나는 것입니다. 혼자 강연장을 찾아 헤매다 정작 중요한 일을 앞두고 뇌가 지쳐버릴까봐 주최 측에서 마중을 나와주지요. 무더운 여름과 추운 겨울에 사람을 개찰구에 세워두면 마음이 불편해서 자동적으로 저의 스위치는 '절대 지각하지 않으려는 모드'로 전환되어버립니다.

어려움의 원인은 병도 증상도 아니었습니다. '시간을 엄수해야 해.' '다른 사람에게 폐 끼치면 안 돼.'라고 완고하게 생각하며 불편과 고통을 참고, 자력으로 어떻게든 하려고 힘내는 '버릇'이 바로 원인이었습니다.

어린 시절부터 주입당한 이 '상식'의 사슬을 끊어내기란 국적을 바꾸는 것보다도 어려운 듯합니다. 병과 부상과 노화 등 이런저런 이유로 할 수 없는 일이 늘어나고 있지만, 이 버릇은 좀처럼 못 고치겠습니다.

높디높은 벽의
정체

이 버릇을 고치지 못하면 어떻게 되느냐. 외출하지 못하게 됩니다.

인지저하증 당사자 중 많은 수가 외출을 잘 하지 않게 된다는 조사 결과[9]가 있습니다. "무슨 일이 생기면 안 되니까."라며 가족이 막는 경우도 있다지만, 당사자 역시 건강했던 시절의 '상식'에 둘둘 감싸인 채 첫걸음을 딛지 못하는 것 같습니다. 길을 헤맬 때는 물어보면 되는데, "못 묻겠다." 하는 당사자가 많다고 인지저하증 피어 서포트peer support[10]에 참여하고 있

---

9   고쿠사이대학 글로벌 커뮤니케이션 센터와 인지증 프렌들리 저팬 이니셔티브가 조사하여 발표한 자료 「인지저하증 당사자에게 친화적인 마을 만들기 가이드: 지역·세대를 뛰어넘어 참여를 확산시키기 위한 힌트」(認知症の人にやさしいまちづくりーセクター·世代を超えて、取り組みを広げるためのヒント)를 참조했습니다.—지은이 주

10   일반적으로 '비슷한 상황에 처한 사람들이 서로 지원해주는 것'을 뜻한다. 인지저하증, 의존증, PTSD 등 보건 분야를 비롯해 학교 교육과 장애인 복지 등에서도 피어 서포트가 활용되고 있다.

는 친구가 말해주기도 했지요.

길을 묻지 못하는 이유는 많지만, '뭐야, 이 사람… 인지저하증이야?' 하듯이 바라보는 눈빛에 대한 공포심이 주된 이유입니다. 저 역시 무서워했기에 어떤 마음인지 잘 압니다.

그렇지만 바깥세상과 나 사이를 높디높은 장벽이 가로막는다고 느끼는 것은 인지저하증의 증상이 아닙니다. 괜찮습니다. 저는 행인들에게 길을 마구 물어보기 시작하면서 이 세상에는 친절한 사람이 무척 많다는 사실을 알게 되었거든요.

"잘 먹겠습니다."에
이르는 끝없는 여정

얼마 전, 이토 아사伊藤 亜紗[11] 씨와 제 증상에 대해 이야기를 나누는 귀중한 기회가 있었습니다. 인터뷰 내용은 이토 아사 씨의 홈페이지에 공개되어 있습니다.[12] 인터뷰 자리에 동석한 시미즈 준코清水 淳子[13] 씨는 문자가 아닌 일러스트로 대량의 메모를 남겼는데, 제 시간 감각과 절차와 관련한 어려움 등을 그래픽 레코딩graphic recording[14]으로 훌륭히 표현해주었지요. 걸출한 두 분이 일하는 모습을 직접 본 건 무척이나 호강스러

---

11   이토 아사 씨는 도쿄공업대학 리버럴 아츠 연구교육원 부교수입니다. 전문 분야는 미학과 현대 미술. 지은 책으로 『눈이 보이지 않는 사람은 세상을 어떻게 보는가』(박상곤 옮김, 에쎄 2016) 『기억하는 몸』(김경원 옮김, 현암사 2020) 등이 있습니다. ─지은이 주

12   http://asaito.com/research/2018/12/post_53.php ─지은이 주

13   시미즈 준코 씨는 그래픽 레코더(graphic recorder)로 다마미술대학 정보디자인학과 전임 강사입니다. 지은 책으로 『Graphic Recorder: 논의를 가시화하는 그래픽 레코딩 교과서』가 있습니다. ─지은이 주

운 경험이었답니다.

이토 씨는 인터뷰에 앞서 질문지를 주었는데 의표를 찌르는 질문이 여럿 있었습니다. 그중 가장 답하기 쉬웠던 질문은 바로 "귀찮은 일은 무엇인가요?"였지요.

"요리!"

생각보다도 빠르게 답이 튀어나왔습니다.

요 리 라 는

난 관

_____

요리하는 과정에서 무엇이 왜 귀찮은지 생각해보니, 이유가 터뜨린 샴페인처럼 넘쳐났습니다. 많은 사람들이 매일 대수롭지 않다는 듯이 먹는 그 한 끼가 얼마나 많은 공정을 거쳐 식탁에 오르는지 새삼 강하게 의식할 수 있었지요. 흔히 요리가 고령자의 뇌기능을 보전하는 데 큰 도움을 준다고 하지요? 이 생각을 뒤집으면 요리에 필요한 수많은 뇌기능이 조금이라

_____

14   사람들의 대화, 증언, 회의 내용 등을 실시간으로 일러스트와 텍스트를 이용해 표현하는 기법을 말하며, 한눈에 볼 수 있는 기록이 남는다는 장점이 있다. 최근에는 글에 담기 어려운 뇌기능장애 당사자들의 증상을 그래픽 레코딩으로 표현하려는 시도가 이뤄지고 있다.

도 저하된 사람에게는 한 끼 요리를 만드는 것이 상상 이상으로 힘든 일이라는 말이 됩니다.

제가 요리하다 처음으로 막다른 곳에 몰린 것은 레비소체 인지저하증이 의심되어 진단을 받았던 무렵입니다. 저녁에 뭘 차릴까 생각해봐도 아무런 요리가 떠오르지 않았습니다. 냉장고 속의 재료를 봐도 서로 연결되지 않아서 요리를 구상할 수 없었지요. 생각을 할수록 머릿속에 짙은 안개만 가득해지는 것 같았습니다.

저는 그때껏 요리를 좋아하고 매일 요리를 했기에 그런 변화가 무척 충격적이었습니다. '자, 오늘은 무얼 써서 어떤 맛있는 걸 만들어볼까?' 식재료를 보면서 이렇게 생각하는 건 가슴이 두근두근 설레는 일이었습니다. 머릿속에 레시피가 트럼프 카드처럼 차례차례 떠올랐고, '이걸 저걸로 무쳐보면 어떨까?' 하는 신기한 조합도 곧잘 생각해냈습니다.

그랬던 뇌 내 레시피 검색 기능은 망가져버렸습니다. 요리가 즐거웠던 시절에는 인터넷 검색을 부지런히 해서 같은 요리의 여러 레시피를 비교해 새로운 힌트를 얻기도 했는데 말이죠. 그때는 알아보는 것, 생각하는 것 자체가 즐거웠습니다. 그러나 아무것도 떠올리지 못하게 되면서 흥미도 기력도 쇠했습니다. 레시피를 찾아보려는 마음도 더 이상 들지 않고요. 요즘도 컴퓨터를 (새로운 기능만 아니면) 사용하고 검색도 할 줄 알지만 요리에 관해서는 거의 찾아보지 않습니다. 당연히 많은 수고가 들어가는 요리와도 멀어졌지요.

왜 똑같은 요리만 만드는가

레시피를 떠올리지 못하게 되자 며칠 치 식단을 얼추 구성해서 필요한 식재료를 구비해두는 것도 할 수 없게 되었습니다. 그래서 매일 장을 보는 것으로 생활이 변했습니다. 직장을 잃어서 시간은 얼마든지 있었거든요.

슈퍼마켓에 가서 그날 저녁 먹을 것만 생각하면 됐는데, 당시의 저에게는 그조차 일주일 치 식단을 짜는 것만큼 복잡한 작업이었습니다. 너무나 많은 식재료 앞에 서면 무얼 사야 할지 몰라 망연자실했지요. 그때는 치료를 받기 전이라 뇌기능이 몹시 저하되어 있었습니다. 그 때문이긴 했지만, '50세에 이 모양인데 내년, 내후년에는 어떻게 될까.' 하는 생각이 들어서 그대로 슈퍼마켓 바닥에 주저앉고 싶었습니다.

요즘도 산책을 겸해서 매일 장을 보는데, 레시피를 떠올리지 못하는 것에는 적응이 끝났습니다. '오늘은 카레다.' 하는 식으로 요리를 정한 다음 필요한 재료를 메모해서 슈퍼마켓에 갑니다. 요리를 정하지 못했어도 괜찮습니다. '생선과 고기는 매일 다르게, 오늘 특별 할인인 재료는 꼭 챙기고, 샐러드용 채소를 몇 가지 사자.' 이렇게 간단한 규칙을 정해두었기에 슈퍼마켓에서 망연자실하는 일은 이제 없습니다.

요즘은 생각하지 않아도 만들 수 있는 매우 간단한 요리를 반복해서 만듭니다. 건강했을 때는 '어제 일식이었으니 오늘은 양식, 그리고 내일은 중식.' 하는 식으로 늘 메뉴에 변화를 주었습니다. 병에 걸린 뒤에는 만들기 편하고 맛도 나쁘지 않으면 같은 요리를 연달아 만들어도 (먹어도) 전혀 저항감이 들지 않게 되었지요. 생각 없이 할 수 있는 게 편하거든요.

그래도 매일 똑같은 건 상식적으로 이상하지 않을까 싶어서 가족을 위해 주요리만은 매일 바꿔보려 노력했습니다. 만약 제가 혼자 살았다면 대수롭지 않게 똑같은 요리를 계속 만들었을 것 같지만요. 반찬도 전보다 줄여서 메뉴에 변화를 주어도 티가 안 나는 쓸쓸한 식탁이지만, 저는 최선을 다했기에 이러면 됐다고 (문제없다고) 여깁니다.

고기와 채소를 적당히 잘라서 던져 넣고 불 위에 방치하면 완성되는 수프는 겨울철의 단골 메뉴입니다. 예전에는 수프에 몇 가지 허브를 넣었지만 지금은 냄새를 맡지 못해서 거의 넣지 않습니다. 만족스럽지는 않지만, 어차피 부부끼리만 사는 데다 퇴근한 남편도 별 불만 없이 먹어주니 괜찮습니다.

그런데 어느 날, 남편이 말했습니다. "한동안 맛이 이상했거든. 그래서 컨디션이 나쁜가 보다 생각했어."

확실히 한동안 저녁만 되면 컨디션이 매우 나빠졌습니다. 갑자기 너무 나른해지고 머리에 나쁜 느낌이 퍼지며 멍한 상태가 되었지요. 이런 발작 같은 상태는 병에 걸린 이래 일상적인 것이 되었지만, 날마다 거의 같은 시간에 나빠지는 건 처음 있는 일이었습니다. 장을 보러 갈 기력도 없었기에 하는 수 없이 집에 있던 생선 통조림 등으로 요리했습니다. 조리 과정은 평소보다 훨씬 헷갈렸고, 작업 속도는 초고령자 수준으로 느려졌습니다. 도중에 피곤해서 주저앉거나 조리 자체를 포기하고 눕기도 했지요. 간을 봐도 '뭔가 잘 모르겠네.' 하는 생각이 들었지만 그 정도로 맛없었다는 것은 남편이 얘기해서 처음 알았습니다.

제 미각이 얼마나 정밀한지는 저도 잘 모릅니다. 날마다 컨디션에 따라 미각이 달라진다는 건 알지만, 다른 사람들과 함께 즐겁게 식사하면 진심으로 맛있기 때문에 저 자신이 '맛을 모르는 사람'이라고 생각하지는 않습니다. 다만 제 요리를 먹고 정말로 맛있다고 느끼는 경우는 전보다 줄어들었습니다. 그래서 어쩌다 맛있는 요리를 만들면 그다음 날에도 같은 요리를 만들려고 합니다.

무서운 광경에
얼어붙다

다시 슈퍼마켓에서 장을 보는 문제로 돌아가겠습니다.

생각나지 않는 레시피 말고도 저를 힘들게 한 것이 있었습니다. 바로 항인지저하증 약물 치료를 시작하기 전에 자주 보았던 환시입니다. 가끔씩 환시 때문에 슈퍼마켓에서 깜짝 놀라 소리를 질렀습니다.

생선을 집으려 하는데 눈알이 빙글 움직이거나, 고기가 담긴 스티로폼 접시가 옆으로 슥 옮겨가거나, 불이 났나 의심할 정도로 자욱한 연기가 있거나…. 슈퍼마켓 안에서 환후로 심한 악취를 맡은 적도 몇 번 있습니다.

깜짝 놀라서 주변을 둘러보면 다들 태연하기 때문에 환각이라는 걸 금방 깨달았습니다. 하지만 당시에 저는 환각을 매우 무서워했기 때문에 그 순간 스트레스를 받고 컨디션이 나빠지곤 했습니다. 그렇게 되면 뇌의 기능도 급격히 떨어져서 자주 사던 물건의 위치까지 잊어버리고 맙니다. 스스로가 한심하고 병이 무서워서 눈물이 터질 것 같았지요. 눈물을 참으면서 두리번두리번 슈퍼마켓 안을 찾아 헤매던 기억은 시간이 흘러도 잊히지 않습니다.

그런 상황에 빠지면 시점을 바꿔서 해결책을 찾는 능력까지 사라지기에 '점원에게 물어본다'는 간단한 수단조차 떠오르지 않았습니다. 저는 쓰러질 것 같은 지경이 되도록 하염없이 슈퍼마켓 안을 돌아다녔지요. 행방불명이 되었던 고령의 인지저하증 당사자가 믿기 힘들 만큼 멀리까지 걸어갔었다는 소식을 접할 때마다 그때의 저와 같지 않았을까 싶어서 가슴이 미어집니다.

요즘도 익숙하지 않은 슈퍼마켓에 가면 뭐가 어디 있는지 몰라서 무척 피곤합니다. 그래서 작은 단골 가게에서만 장을 보게 되었습니다. '뇌를 위해서는 다양한 장소에 가는 게 좋다.'라고 조언하는 분이 있을 듯한데, 한 가지 요리를 완성하려면 아직도 가야 할 길이 멉니다.

식재료를 장바구니에 담아 계산대에 도착하기만 하면 남는 일은 신용카드를 건네는 것밖에 없습니다. 신용카드 덕에 결제하느라 애먹지는 않습니다. 약물 치료 전에는 구입한 물건을 장바구니나 계산대에 깜박 두고 돌아가기도 했지만 이제는 여러 번 확인하는 습관이 들어서 빠뜨리지 않습니다. 반드시 메모를 가지고 장을 보는 덕에 필요한 걸 까먹거나 중복으로 사는 실수도 안 하고요.

꽁치는 무조건

토막 내기!

재료를 갖췄고 메뉴도 정했으니 드디어 조리할 차례입니다.

진단 초기에는 가스레인지에 냄비와 프라이팬을 동시에 올리고 요리를 했습니다. 한번은 냄비에 조미료를 넣고 섞는데 오른쪽에서 연기가 피어오르더군요. '나왔다! 연기 환시야.' 흠칫 놀랐는데 잘 보니 오른쪽에 올린 프라이팬의 뚜껑 틈새로 연기가 나오고 있었습니다. '왜 연기가?' 주저하면서 프라이팬 뚜껑을 열자 새카맣게 탄 고기가 보였지요. 프라이팬으로 고기를 굽고 있었다는 사실은 그 고기를 직접 보기 전까지 제 의식에서 깨끗이 사라져 있었습니다. 점점 타는 냄새가 났겠지만 그 역시 전혀 알 수 없었죠.

만약 저 대신 가족 중 누군가가 매일 요리를 맡아주었다면 저는 곧바로 요리를 그만두었을지 모릅니다. 하지만 그런 선택지는 없었기에 다시는 가스레인지로 동시에 두 가지 요리를 하지 않겠노라 다짐했습니다. 요리에 걸리는 시간이 몇 배로 늘어난다 해도 다시는 실수했을 때의 기분을 느끼고 싶지 않았기 때문입니다. 그 뒤로 오랫동안 하나씩 만드는 방식을 고수했습니다.

제 뇌와 함께 지내는 법에 숙달한 요즘은 타이머를 사용해서 된장국을 만드는 동시에 생선을 구울 수 있게 되었습니다. 지금도 뚜껑을 덮어서 재료가 눈앞에서 사라지면 종종 그 존재를 잊어버리지만, 타이머의 전자음이 울리는 순간 다시 생각납니다. 인지저하증 당사자들이 두 가지 일을 한 번에 못하는 것은 기억이 지워졌기 때문이 아니라 주의력장애가 원인이라고 합니다.

냄새를 전혀 못 맡기 때문에 '○분 지나면 익겠지.' 하며 타이머를 설정한 다음 시간이 되면 고기든 생선이든 반 토막을 내어 단면의 색을 확인합니다. 만약 충분히 익지 않았다면 타이머를 짧게 맞추고 구운 다음 다시 반 토막.

"왜 우리 집 꽁치는 맨날 산산조각이야?" 남편이 이렇게 말할 때가 있는데, 통이든 반 토막이든 꽁치는 꽁치, 맛은 같습니다. 겉모습 따위 제 알 바 아니랍니다.

요 리 가　서 투 른
우 리 에 게

끝없이 이어지는 요리 완성의 길. 그 길에서 가장 어려운 고비는 사실 '절차'입니다. 개인차가 있지만 테니스 훈련이나 무대 연습처럼 같은 일을 오랫동안 매일 계속하면 모르는 사이에 순서와 방법이 몸에 배게 마련입니다. 생각하지 않아도 절차에 따라 몸이 효율적으로 움직이게 되죠. 그런데 살면서 제 몸에 스며들었던 절차들이 최근 몇 년간 뚝뚝 떨어져 나가고 있습니다. 저 자신이 똑똑히 느끼고 있지요.

제가 절차를 잘 지키는지는 그날그날 컨디션(뇌의 상태)에 따라 많이 달라집니다. 컨디션이 좋을 때는 '뭐지? 오늘은 별로 안 힘드네.' 하고 저도 놀랍니다. 그에 비해 하루의 피로가 한꺼번에 분출되기 쉬운 저녁에는 몸 상태에 따라 뇌기능이 저하될 때가 많지요.

'음, 뭐부터 해야 하더라? 다음에는 뭘 하면 되지? 어? 조미

료는 뭘 넣더라?'

마치 초등학생의 '난생처음 해보는 요리 경험' 같습니다.

예전에는 강한 불로 빠르게 조리하는 볶음 요리를 만들면 항상 미리 조미료(간장, 설탕, 굴소스 등)를 그릇에 담아 섞고는 가스레인지 옆에 놓아두었습니다. 지금은 채소가 모두 익어 흐물흐물해진 다음에야 뒤늦게 '아, 조미료 넣어야지.' 하며 깨닫고는 어쩔 수 없이 불을 끄고 조미료를 하나하나 찾기 시작하는… 이런 일이 종종 있습니다.

건강했던 시절의 제가 옆에 있으면 "뭐 하는 거야? 맛없어지잖아."라고 눈을 부라리겠죠. "그렇지. 이러면 맛없을 거야." 저도 솔직하게 인정합니다. 그러고는 예전의 저와 지금의 저 모두에게 말합니다. "하지만 할 수 없는 일은 어떻게 해도 못하니까. 싫어도 어쩔 수 없어."

컨디션이 매우 나쁠 때는 생각하는 것 자체가 고통입니다. 조미료를 뭘 넣을지 생각하는 것조차 귀찮죠. 어쩔 수 없기에 무슨 맛이 될지 신경도 안 쓰며 간장이니 폰즈소스니 닥치는 대로 넣습니다. 그러면 '정체 모를 무언가'가 일단 완성되는데, 남편은 그런 요리에 말없이 간장이든 뭐든 더해서 먹고 있습니다.

이런 일이 반복되면서 어느덧 일상이 되었고, 당연한 일로 여기게 되었습니다. '요리는 어렵고 귀찮다'는 마음이 확실히

강해졌고, '내 방식이 틀렸다'는 자각은 점점 흐려진 것입니다. '오, 나를 지키면서 살아남기 위한 적응과 진화인가.' 이런 가설을 세우기도 했지만, 그 역시 머지않아 뚝 부러졌습니다.

역산을 못 하니 요리는 하나씩

본가에 갔다가 여동생이 요리하는 모습을 봤습니다. 동생은 분신술을 써서 네 명으로 늘어난 듯이 조림을 하면서 볶음을 하고, 칼질을 하면서 설거지를 하는 등 부엌을 고속으로 누볐습니다. 서로 다른 여러 작업들이 군더더기와 오류 없이 동시에 진행되는 모습은 마치 매스게임 같더군요. 그 마법 같은 움직임과 절차를 전혀 따라갈 수 없었던 저는 보기만 해도 눈이 어지러울 지경이었습니다. 조리는 순식간에 끝났고, 식탁에 따끈따끈하고 먹음직한 요리들이 놓였습니다.

'아, 나도 병에 걸리기 전에는 저랬는데…' 먼 기억이 되살아났습니다. 식사 시간으로부터 어렵지 않게 역산하여 여러 조리 작업의 절차를 자연스레 머릿속에 그릴 수 있었습니다. 그에 따라 거침없이 움직여서 짧은 시간 동안 동시에 여러 요리를 만들어냈지요. 한때는 말입니다.

지금은 이 시간의 역산이 일상생활의 모든 장면에서 아예 불가능해졌습니다. 'ㅇ시에 식사'라는 목표가 있을 때 몇 분 전부터 무엇을 시작하면 되는지, 전혀 모르는 것입니다. 생각하면 할수록 혼란스럽고 피곤해질 뿐이라 생각 자체를 그만 두었습니다. 요리는 기본적으로 하나씩 만들며, 그때그때 생각나는 대로 하나씩 공정을 해치워나가는 것이죠. 시간도 절차도 생각하지 않고 만들기 때문에 식탁에 놓을 때는 이미 요리가 전부 차게 식어 있습니다.

"그럼 적어도 생선이나 고기는 마지막에 구우면 되잖아요?" 하는 분들도 있겠죠. 그런데 컨디션이 나쁜 날 두 가지를 만들 셈으로 요리를 시작했다가 하나 만들고 힘이 떨어져버린 적이 몇 번 있었습니다. 주요리가 없으면 아무래도 모양이 나지 않기 때문에 생선이나 고기는 여력이 있을 때 먼저 구워놔야 합니다.

시 간 을
도둑맞다

시간에 대해서는 역산만 못하는 것이 아니라 시간의 길이 자체를 잘 모르게 되었습니다. 동생이 소면을 삶으려 하는데,

저는 부엌에 타이머가 없어서 당황했습니다.

"왜 타이머가 필요해? 소면 삶는 시간 정도는 알잖아."

동생은 그렇게 말하고는 뜨거운 물에 소면을 흩트려 넣더니 금방 다른 작업에 착수했습니다.

타이머 없이 시간을 알다니, 지금의 저에게는 불가능한 기술입니다. 냄비 속에서 춤추는 소면만 들여다본다고 해도 몇 분 지났는지 모를 것 같습니다. 하물며 삶는 동안 다른 일을 하면 머릿속에서 소면의 존재가 사라져 냄비가 끓어넘치든지 한참 뒤에 죽이 된 걸 발견하겠죠.

눈앞에서 보글보글 소리를 내는 조림은 언제부터 끓인 것일까, 프라이팬 속의 고기는 몇 분 동안 구운 걸까, 저는 짐작하지 못합니다. 1분, 5분, 10분이라는 시간의 길이 자체를 제가 잘 모른다는 걸 동생의 말을 듣고 깨달았습니다.

외출 준비를 하면서 계속 시계를 신경 썼는데도 왠지 시간이 부족해서 허둥댄 적이 많습니다. 마치 '모르는 사이에 시간을 도둑맞은 것' 같았습니다. 시간이 언제 어디로 사라졌는지 논리적으로 설명할 수 없었으니까요. 하지만 만약 제 몸속에 있는 시계의 바늘이 변칙적으로 움직여서 변덕스럽게 돌아간다면, 제 안과 밖의 시간은 어긋날 수밖에 없을 겁니다.

냄새가 사라진
부엌

어쩔 수 없다고 하지만, 이런 생각이 듭니다. 시간 감각이 이상해졌어도 다른 사람만큼 후각이 있다면 냄새가 요리의 완성을 알려주지 않을까 하고요. 저는 종종 뚜껑 덮은 냄비를 보고 '뭘 만들고 있었지?' 하며 의아해하는데, 냄새만 맡을 수 있으면 시야에서 사라졌다고 존재까지 잊지는 않을 것입니다. 오븐에 구운 채소와 전자레인지에 돌린 국을 이튿날 발견하는 실패도 더 이상은 없겠죠.

사람들은 텔레비전에 처음 보는 요리가 나오면 냄새를 모르기 때문에 무슨 맛인지 상상하지 못합니다. 저 역시 간을 보기 전에는 눈앞에 있는 요리의 맛을 상상하지 못합니다. 어떤 날은 간을 봐도 잘 모르고요.

냄새가 사라진 부엌이란 무얼 해도 따분한 공간입니다. 이 제는 요리를 하면서 아무런 즐거움도 느끼지 못합니다. 타이머가 울리면 불을 끈다. 마치 로봇이 요리를 만드는 것 같지요. 내 요리는 남편 외에 누구에게도 먹이고 싶지 않다. 저는 내심 이렇게 생각하고 있습니다.

빠지지 않는
가시

궁상맞은 식생활을 하던 독신 시절, 고향에 내려가면 어머니는 제가 좋아하는 요리를 만들어주셨습니다. 어머니의 오이절임 한 조각에서도 제 생활에 전혀 없는 풍요로움이 느껴졌고 마음속에 감동이 퍼졌지요.

결혼하고 아이와 함께 귀성하기 시작한 무렵부터는 지병이 늘어난 어머니를 대신해 주로 제가 음식을 만들었습니다. 아이도 다 자란 어느 날, 연로한 어머니가 요리하는 저를 보면서 눈을 동그랗게 뜨고 말했습니다. "정말 빠르구나." 계절이 순환하듯이 아이는 어른이 되고 부모는 나이 들며 쇠약해지는 것이라고 그때 실감했습니다. 그리고 50대가 된 저는 벌써 당시 어머니와 같은 상태가 되었습니다.

저는 지금도 두 분의 할머니를 그분들의 장기였던 요리로 떠올립니다. 할머니들이 만들어주었던 소박한 요리로 말이죠. 두 분 모두 돌아가신 지 수십 년이 지났지만, 그 음식들을 보거나 맛볼 때마다 저는 할머니들을 떠올립니다. 그리고 생각합니다. 누군가 저를 그렇게 떠올릴 일은 없을 것이라고요.

'할 수 없는 일은 어떻게 해도 못 하니까 어쩔 수 없다'고 생각합니다. 하지만 요리에 관한 것만은 빠지지 않는 가시처럼 몇 년이 지나도 저를 쿡쿡 쑤시며 괴롭힙니다. 은퇴해서 직책을 잃은 남성들이 의기소침하는 것 못지않게 요리에 서툴러진 주부의 상실감도 꽤나 깊고 무거운 모양입니다.

진해도 맛있고,
연해도 맛있어

일본에는 세계적으로도 드문 특유의 정성스러운 도시락 문화가 있습니다. 예전에는 '어머니의 집밥'을 중시하는 사고방식도 있었죠. 저 역시 오랫동안 직접 요리하기를 고집하여 가족을 위해서든 저를 위해서든 건강에 좋은 요리를 만들려고 노력했습니다. 하지만 건강에 좋은 요리는 건강한 사람밖에 만들지 못합니다. 모든 일이 이상적으로 되지는 않더군요.

지금은 곳곳에 반찬가게가 있고, 배달 도시락에 맛있는 레토르트 식품까지 없는 게 없습니다. 지난 30여 년간 식품산업에는 격변이 일어났기 때문이죠. 저 역시 외출해서 피곤한 날에는 저녁으로 도시락을 사 먹고 있습니다.

남편은 오랫동안 요리를 하는 데 강한 저항감을 품었지만, 이제 집에 있을 때는 저와 함께 부엌에 섭니다. 아무리 서툰 손이라도 조금이나마 도와주니 제 뇌와 몸이 훨씬 편해지더군요.

"채소 좀 썰어줘."라고 부탁하면 남편은 반드시 "어떻게? 몇 센티미터로?"라고 묻습니다. "적당히 알아서 해."라고 답하면 난생처음 보는 모양으로 썰는데, 괜찮습니다. 저도 갈수록 칼질을 대충 하지만, 제대로 먹을 수 있는 것이 완성되거든요. 인삼과 감자의 껍질을 벗기지 않아도, 수프를 끓이며 거품을 걷어내지 않아도, 펄펄 끓는 물에 감자를 넣고 삶아도, 제대로 요리가 완성된다는 걸 저는 최근에 배웠습니다.

남편뿐 아니라 제 세대의 많은 남성들이 "요리는 못 해." 하고 단언합니다. '요리는 아내에게 맡긴다'는 남성들에게는 불로불사인 아내가 있기라도 한 걸까요? 아니면 그들은 '요리에는 내가 모르는 수많은 규칙이 있고, 정확하게 규칙을 따르지 않으면 반드시 실패해서 창피를 당한다.'라고 믿는 걸까요?

얼마 전 텔레비전을 보는데, 요리연구가 도이 요시하루 씨가 부드러운 사투리로 말했습니다.

"된장국은 진해도 맛있고, 연해도 맛있죠."

'아아.' 그 순간, 도이 씨의 이마에서 나는 빛에 제가 꿰뚫린 듯했습니다. '올바름'만을 추구하는 한 요리 울렁증은 점점 심해질 것입니다. 요리 자체가 아예 싫어지고, 부엌은 트라우마 제작소가 되겠죠.

더욱 자유롭게, 더욱 적당하게… 가족들이 모두 '올바름'을 내려놓자고 마음먹으면, 부엌에는 웃음이 돌아오리라 생각합니다.

VI

우울증 치료에서
살아남다

지옥문이 열리다

투구꽃이라는 식물을 아시나요? 자주색의 아름다운 꽃을 피우는 풀입니다. 일본에서는 1986년에 이 풀의 뿌리를 사용한 살인 사건이 일어나서 맹독이 있는 것으로 널리 알려졌지요. 그런데 사실 투구꽃의 뿌리는 초오草烏, 부자附子 등으로 불리며 한방약재로도 쓰입니다. 저는 부자가 들어간 진무탕眞武湯이라는 한방약으로 심각하던 냉증을 개선했답니다. (한방약에 정통한 의사가 처방해주었습니다.[1] 처방은 환자마다 다릅니다.)

'같은 것이 양에 따라 독이 될 수도, 약이 될 수도 있다.'

---

1   일본은 의료일원화가 이뤄져 한국처럼 한의사가 존재하지 않는다. 기본적으로 모든 의사는 서양식 현대의학 교육을 받으며, 일부 의대의 교육과정에 동양의학 관련 수업이 포함되어 있다. 농양의학을 공부한 의사들은 처방에 한방약을 활용하기도 하며, 침술은 침구사만이 제공할 수 있다.

먼저 이 사실을 기억해주세요. 흔히 독이 아니라고 여기는 것, 예컨대 설탕과 소금에도 엄연히 치사량이 존재합니다. 건강한 성인에게는 괜찮은 양이 유아에게는 위험할 수 있고요.

왜 이런 이야기부터 시작하느냐. 약에 대해 이야기하면 무조건 흑백부터 가르려고 하는 분이 있기 때문입니다. 중요한 것은 '사용법'입니다. 어떤 사람에게 어떤 약을 얼마나 사용하는지가 문제인 것입니다. 약 자체는 완전무결한 구세주가 아니며, 그렇다고 악마도 아니죠.

알레르기약 때문에
일어나지 못하다

제가 약을 복용하고 처음 이상을 느낀 것은 36세 때였습니다.

원인 모를 기침이 보름 이상 계속되어 이비인후과에 갔더니 "알레르기 아닐까요."라며 약을 처방해주었습니다. 그런데 알레르기약을 먹자 외려 몸져눕게 되었고, 일어나려 해도 몸에 힘이 들어가지 않았습니다. 처음 겪는 일이라 대체 무슨 영문인지 알 수 없었죠.

"이 약을 먹으면 왠지 일어날 수가 없어요."

저는 의사에게 조리라곤 없이 설명했습니다. 의사는 "네?"라고 할 뿐 이유는 설명하지 않더군요. 무지했던 저는 약의 부작용이라고 제대로 인식조차 못 했고, 당시에는 '인터넷 검색'이라는 말도 없었기에 지금처럼 손쉽게 조사해볼 수 없었습니다. 기침은 한 달 정도 지나자 자연스레 나았고, 저는 약 때문에 겪었던 이변을 깨끗이 잊어버렸습니다.

'약제 과민성'[2]이라는 레비소체 인지저하증의 특징이 나타나고 수년 뒤, 사람의 환시를 거듭해서 보았지만 그 역시 잘못 본 것이라고 생각하며 신경 쓰지 않았습니다. 당시에는 레비소체 인지저하증이라는 말도 몰랐고요.

환시가 나타나고 1~2년 뒤부터는 원인 불명의 신체 증상이 일어났다 그치길 반복했습니다. 두통, 나른함, 피로감, 신체 일부(허리, 고관절 등)의 극심한 통증 등이 불현듯 닥쳤지요. 내과, 산부인과, 정형외과 등 이곳저곳에서 검사를 받았지만 어디에서도 "이상 없다"는 말만 들었습니다.

2　약제 과민성은 레비소체 인지저하증의 특징 중 하나로 레비소체 인지저하증 당사자는 약에 예민하게 반응하기 때문에 종종 부작용을 겪습니다.("레비소체 인지저하증에서는 45퍼센트 확률로 항정신병 약물에 대해 심각한 부작용이 나타난다." 小田 陽彦「血管性認知症、レビー小体型認知症、前頭側頭葉変性症」『臨牀と研究』Vol. 95, No. 3, 238-244p, 2018) 그 외에 수많은 처방약과 일반의약품(종합감기약, 위장약 등)에 대해서도 의식이 몽롱해지거나(약제성 섬망증) 몸이 떨리거나 걷지 못하는(약제성 파킨슨증) 등의 다양한 부작용이 자주 일어납니다. 이런 특성은 반대로 약의 종류와 복용량이 적절하다면, 효과가 더욱 잘 나타난다는 이점이 되기도 합니다.—지은이 주

깰 수 없는
악몽의 시작

그렇게 지내던 41세 때의 일입니다. 빈번하게 일어나는 심한 두통, 피로감, 권태감에 몇 달 동안 시달렸는데, 스트레스를 받은 어떤 일을 계기로 불면증까지 시작되었습니다. 저는 불면증 약을 처방받기 위해 처음으로 공립종합병원 정신과를 찾아갔습니다.

왜 그 병원을 갔느냐면, 정신보건센터의 상담창구로 전화해서 어디가 좋을지 문의해보니 그곳을 추천해주었기 때문입니다. 저 또한 동네의 개인병원보다는 큰 병원이 적절한 처방을 해줄 것이라고 근거 없이 짐작했고요. 정신과라니 호들갑을 떠는 것 같았지만, 불면은 일에도 영향을 미치기에 저에게는 긴급한 상황이었습니다.

아이가 웬만큼 자라나서 전업주부를 그만두고 다시 일을 시작한 지 1년이 지난 무렵이었습니다. 겨우 조금씩 일이 익숙해져서 이제부터가 중요한 시기라고 생각하고 있었죠.

그때 저는 어떻게든 일을 하고 싶었습니다. 아내도 어머니도 아니고, 한 명의 인간으로서 사회에서 힘껏 일하고 싶었죠. 그 오랜 꿈이 겨우 이뤄진 것입니다. 어떤 어려움이 닥쳐도 견뎌낼 작정이었습니다. 저는 『거인의 별』[3]을 보면서 자란 세대라 아무리 험한 난관도 인내하고 노력하면 반드시 뛰어넘을 수 있다고 믿었습니다. 하지만 불면증 탓에 일을 제대로 할 수 없었습니다. 일단 약으로 잠을 자면서 컨디션 난조를 극복해보자고 생각했습니다.

그때부터, 깰 수 없는 악몽이 시작되었습니다.

요즘도 왜 일이 그렇게 되었을까 생각하곤 합니다. 만약 내게 약에 대한 지식이 조금이라도 있었다면, 만약 내게 의료에 대해 상담할 수 있는 친구나 지인이 있었다면, 만약 약사가 내 이변을 눈치챘다면…. 수많은 '만약'이 아직도 소용돌이처럼 휘몰아칩니다. 저는 결국 의사의 지시대로 매일 거르지 않고 약을 복용하며 5년 10개월 동안 우울증 환자로 종합병원을 통원했습니다.

중학생이었던 아이들은 대학생과 고등학생이 되었습니다. 그 몇 년 동안 있었던 일 중에 기억할 만한 게 적다는 사실이 스스로도 놀랍습니다. 즐거웠던 추억은 하나도 없습니다.

하루도 기록을 빠뜨리지 않았기에 매일매일 있었던 일과 증상은 찾아보면 전부 알 수 있습니다. 그 기록을 보면 당시를 기억해낼 수 있지요. 하지만 그 기억은 저에게 있어 시커먼

---

3 1966년부터 1971년까지 연재된 가지와라 잇키의 야구 만화. 주인공이 어떤 역경에도 굴하지 않고 노력하여 극복하는 이야기로 당시 폭발적인 인기를 끌었다.

시궁창에 버려져 있던 세월입니다. 절대로 돌이킬 수 없는 과오이지요. 그 대가로 저는 수많은 것을 잃었습니다. 소중한 일도, 신뢰도, 인간관계도, 웃음이 넘치는 가정도, 열중했던 취미도, 나를 향한 자신감도, 젊음이 남아 있던 40대도….

그 무렵을 떠올리려 하면, 지금도 '파블로프의 개'가 침을 흘리듯이 눈물부터 나옵니다. 우울증이라는 오진을 받고 오랜 세월이 지났는데, 지금까지 상처가 아물지 않은 것입니다.

그렇지만 그 상처야말로 제가 인지저하증 당사자로서 실명과 얼굴을 드러내고 목소리를 낼 수 있는 원동력이 되었습니다. 아무것도 하지 않고 죽어간다고 생각하니, 제 인생이 너무나 보잘것없었던 것입니다.

"당신은
우울증입니다."

첫 진료에서 의사는 항불안제를 일주일 동안 복용하며 상태를 지켜보자고 했습니다. 수면제만 받을 셈이었건만 항불안제까지 먹어야 한다니 저항감이 들었습니다. 그래도 의사는 스트레스가 원인인 컨디션 난조에 효과가 있는 약이라고 설명해주었습니다.

항불안제를 먹기 시작하고 머지않아 머리가 몽롱해지고 빙빙 도는 것이 느껴졌습니다. 출근과 집안일을 모두 계속했지만, 터무니없는 일들이 연달아 일어났지요.

어느 날, 근처의 은행에서 전화가 걸려왔습니다. ATM에 제카드가 남아 있다는 것이었지요. 그런 일이 일어난 이유를 도무지 알 수 없었습니다.

"어? 그게, 카드를 빼지 않으면 삐삐 하는 소리가 계속 나는데요?"

은행원은 답하면서도 당혹스러워했습니다.

가게에서 구입한 물건을 챙기지 않고 그대로 가게 밖으로 나가려다 점원한테 붙잡힌 게 한두 번이 아닙니다. 일도 정상적으로 할 수 없게 되었죠. 인감을 찍을 때 자꾸 도장을 거꾸로 잡고 인주를 묻히는 바람에 매끈한 나무의 단면이 새빨갛게 물들었습니다. 아무리 닦아도 지워지지 않는 붉은색을 보면서 생각했습니다. '내가 이상해졌어.'

첫 진료로부터 일주일 후, 의사는 생각지 못한 병명을 알려주었습니다. 우울증.

"우울증은 아닌 것 같은데요. 침울하거나 기분이 가라앉지는 않아요."

"그런 우울증도 있어요."

"저는 우울증이 아니라 인지저하증이라고 생각해요. 인지저하증 검사를 해주세요."

"히구치 씨는 인지저하증이 아녜요. 우울증에 걸려도 주의력이 저하되고 기억력이 나빠질 수 있어요."

의사는 딱 잘라서 말했습니다.

"한동안 일을 쉬면 어떠세요?"

"쉴 수 없어요!"

이번에는 제가 단언했습니다. 쉴 수 있을 리가요. 일을 계속하기 위해 병원에 왔는데….

그날 의사는 "무척 잘 듣는 약이니까 한동안 복용해주세요."라면서 항우울제(팍실)를 처방해주었습니다.

항우울제가 든 약봉지를 가방에 담고 저는 집으로 돌아왔습니다.

'이것만 먹으면 금방 나을 거야. 괜찮아. 나는 괜찮아. 나는 일을 할 거야.'

머리도 몸도 내가 아닌 듯한 나를 향해서 저는 몇 차례고 되뇌었습니다.

빼 앗 긴 몸

우울증 약물 치료를 시작하고 이틀 후.

권태감이 너무 심했습니다. 처음으로 '일하기 싫다.'라는 생각이 들었습니다. 그리고 사흘 후에는 그때껏 경험해본 적 없는 발작이 일어났지요.

갑자기 이유 없이 불안해지나 싶더니 그 불안이 무서운 기세로 거대해졌습니다. 몸속에서 미친 맹수가 날뛰는 것 같았는데, 그것이 무엇인지 생각해볼 여유는 없었죠. 뱀으로 가득한 수영장에 떠밀려서 떨어진 것 같았다고 하면, 그때 제 혼란이 전해질까요.

영화 「엑소시스트」에서는 퇴마 의식을 하다 악마에 씐 신부가 스스로 창문으로 뛰어내려 죽음으로써 악마를 퇴치합니다. 그때 저 역시 맹수로부터 도망치기 위해 아래층으로 뛰어내릴 지경이었습니다.

저는 서둘러서 신발을 신고 집 밖으로 뛰쳐나가 전속력으로 걷기 시작했습니다. 가만히 있다가는 계속 부풀어오르는 불안과 공포 때문에 몸이 폭발해서 산산조각이 날 것만 같았습니다. 비유가 아니라 정말 그렇게 느꼈습니다. 밤길을 전속력으로 걸었지만, 어디를 걷는지조차 몰랐습니다. 제 목숨을 위협하는 것으로부터 무작정 목숨 걸고 도망쳤던 것입니다.

숨이 가쁘고 몸도 녹초가 되었는데, 불현듯 불안이 사라졌습니다. 원래대로 돌아온 저는 한밤의 평온한 주택가에 서 있었죠. 아무 생각도 하지 않고, 그저 비틀거리며 집을 찾아 돌아갔습니다. 현관의 벽시계를 보니 8시더군요. 불안을 느끼기 시작했을 때 7시 뉴스가 나오고 있었으니, 한 시간 가까이 걸은 셈이라서 깜짝 놀랐습니다. 항우울제를 복용한 뒤로 어지럼증이 심해져 조금만 걸어도 힘들어서 멈춰 서곤 했거든요.

그런 발작은 항우울제의 종류를 바꾸기 전까지 여러 번 일어났습니다.

잉꼬의

체온

이튿날 아침, 병원에 전화해서 이변을 알리자 약의 복용량을 늘리라는 지시를 받았습니다. 복용량을 늘리자, 제 상태는 급격히 악화되었습니다. 머리가 너무 몽롱한 탓에 이를 악물고 힘내본들 소용없었습니다. 일은 더 이상 흉내조차 낼 수 없었습니다. 두통도, 이상할 정도의 피로감도 악화되어 일단 누우면 일어날 수가 없었죠.

어느 아침, 축 늘어져서 누워 있는데 세탁기가 다 돌아갔다는 신호음이 들렸습니다. 그런데 제 몸은 더 이상 제 것이 아니라는 양 말을 듣지 않았습니다. 제 의지로는 제 몸을 움직일 수 없었던 것입니다.

'이제 못 일어나겠어. 빨래도 못 널겠어. 출근 준비도 아직 못 했는데. 왜 이렇게 된 걸까…'

저는 엎드린 채로 소리 내어 울었습니다. 남편은 처음 보는 저의 모습에 할 말을 잃은 것 같더군요. 남편은 집에서 기르던 잉꼬를 새장에서 꺼내더니 말없이 제 옆에 놓아주고 출근했습니다.

잉꼬는 울고 있는 제 목덜미로 파고들더니, 몇 번이고 제 볼에 몸을 대고 비볐습니다. 작은 잉꼬의 매끈한 몸에서 체온이 뚜렷하게 느껴졌습니다. '이렇게 따뜻했구나…' 그 따뜻함이 저를 진정시켜주었죠.

그렇지만 그 잉꼬는 다음 날 저희 집에서 사라졌습니다. 어깨 위에 잉꼬를 올려둔 걸 깜박 잊고는 우체통을 확인하러 비틀거리며 밖에 나갔는데, 뭔가 큰 소리가 나는 바람에 잉꼬가 깜짝 놀라 날아가버린 것입니다.

약의 복용량을 늘리면서 식욕도 빠르게 사라졌습니다. 그로부터 두 달간 10킬로그램 이상 (원래 체중의 20퍼센트 이상) 체중이 줄었을 정도입니다. 다만 당시 제 외모에 대해서는 거의 기억이 없습니다. 허벅지 굵기가 뼈와 별 차이 없었다는 것, 그리고 방바닥에서 뒹굴다 뼈가 부딪쳐서 아팠다는 것 외에는 기억나지 않습니다.

상실의
나날

그 무렵 지인이 전화를 걸어서는 "우울증이라며!" 했습니다. 저는 병에 대해 숨기고 있었으니 남편에게서 들은 것 같았습니다. "괜찮아?" 하는 물음 뒤에 우울증은 누구나 걸리는 병이다, 나으려면 이렇게 하거나 저렇게 하는 게 좋다더라, 이 병원이 잘 본다, 우울증에 걸린 친구가 이 약을 먹고 좋아졌으니 너도… 하는 말들이 끊임없이 이어졌습니다. 지인의 목소리는 마치 펄펄 끓는 물 같아서 귀로부터 들이친 뜨거운 물에 심장이 화상을 입고 문드러지는 것 같았습니다.

그 통화를 계기로 저는 전화를 받을 수 없게 되었습니다. 전화벨만 들리면 몸이 경직되며 목구멍이 꽉 막힌 것입니다. 일과 관련한 소통은 모두 팩스로 했습니다. 휴대전화를 쓰는 것도 그만두었고요. 그 뒤로는 저를 걱정하며 연락해주는 가장 친한 친구들의 전화도 받지 못했습니다.

머지않아 과다호흡증후군[4] 발작이 일어나기 시작했습니다. 의사는 "40세가 넘어서 시작되는 경우는 드문데요."라고 하더군요. 수없이 바닥을 뒹굴며 헐떡이는 와중에 이제는 내 몸을 제어할 수 없다는 것을 알았습니다. '나는 더 이상 내가 아니야. 누군가에게 뇌와 몸을 빼앗긴 거야.' 저는 그저 노예처럼 이리저리 휘둘릴 뿐이었습니다.

일을 쉴 수는 없다고 계속 완고하게 고집을 부렸지만, 결국 어느 날 갑작스럽게 저는 일을 내팽개쳤습니다. 사회적으로 용인되지 않는 방식으로 그만두었습니다. 많은 사람들에게 최대한의 폐를 끼쳤고 신뢰를 잃었으며, 저에게는 지금까지 지워지지 않는 상처를 남겼지요.

2주마다 진료를 받았고, 그때마다 약의 종류와 복용량이 늘어나서 저는 유령처럼 비틀거리며 걷는 것밖에 못하게 되

---

4 지나친 호흡으로 체내의 이산화탄소가 너무 많이 배출되어 숨쉬기가 힘들어지는 증상. 주로 신경증이 원인이며 심하면 기절할 수도 있다.

었습니다. 거의 하루 종일 누워서 지냈고, 가족도 듣지 못할 만큼 작고 갈라진 목소리밖에 내지 못했지요. 손은 항상 떨렸고, 의자에서 일어나려다 실신해서 쓰러지기도 했고요. 생각하지도 느끼지도 못하며, 제 마음이 죽어버렸다고 믿었습니다.

사람이 너무나 무서워서 도저히 남의 눈을 볼 수가 없었고, 결국 챙이 넓은 모자 없이는 외출하지 못하게 되었습니다. 제 심장이 몸 밖으로 적나라하게 드러난 것처럼 느껴졌습니다. 모르는 사람이 부주의하게 건드리기만 해도 심장이 터져서 그대로 죽어버리지 않을까 걱정했지요.

저 자신이 이상하다는 것은 알았지만, 이유가 무엇인지는 몰랐습니다. 생각할 기력 자체가 없었습니다.

고무 같은
냉면

머리는 제대로 돌아가지 않았고 반송장이나 다름없는 상태였지만, 저는 매일 되뇌었습니다.

'살아남아야 한다.'

한창 자라나는 아이가 둘이나 있었습니다. 저에게는 어머니로서 책임이 있었죠. 그 무렵에 죽고 싶다거나 죽는 게 낫겠다는 생각은 단 한 번도 하지 않았습니다. 오로지 살고 싶다고 강하게 바랐죠.

하루 종일 음식을 먹지 않은 날은 저도 놀랐습니다. '이대로 안 먹으면 굶어 죽지 않을까?' 하며 공포를 느꼈지요. 뭐든 조금 먹어야 한다고 진지하게 고민하다가 전에 먹어보고 감격했던 냉면을 떠올렸습니다. 얼음을 동동 띄운 시원하고 산뜻한 냉면. 한여름의 폭염이 기승이었지만 저는 없는 힘을 쥐어짜서 그 냉면 가게까지 갔습니다.

모자를 깊이 눌러쓴 채 제 앞에 나온 냉면을 내려다보았습니다. 식욕은 정말 조금도 돌지 않더군요. '나는 살 거야. 나는 안 죽어.' 스스로에게 맹세하며 한 입 물고는 고무 같은 면이라고 생각하면서도 삼켰습니다. 겨우 먹었다는 사실이 기뻐서 눈물을 흘리며 한 입 더 먹었지요. 거의 다 남기고 가게를 나왔는데, 분명 이상한 손님으로 보였을 것입니다.

그 무렵에는 미각에도 변화가 일어나서 좋아하던 닭고기를 도저히 먹을 수 없었습니다. 냄새만 맡아도 속이 나빠졌지요. 역시나 좋아했던 단것도 마찬가지였고요. 어떤 요리를 먹어도 맛없었지만, 억지로 씹고 삼켰습니다.

"1000분의

1이에요!"

다음 진찰에서 의사에게 처음으로 제가 약의 부작용에 시달리는 것이 아닐까 이야기해봤습니다. 약물 치료 전에는 문제없이 식사를 했고, 손이 떨리거나 실신하는 것은 도저히 우울증 증상 같지 않았기 때문이었죠.

"그런 부작용이 나타날 확률은 1000분의 1이에요!"

의사는 강하게 말했습니다. 저에게는 의사의 말이 이렇게 들렸습니다. '문제는 약이 아니라 당신이겠죠. 당신이 그런 병에 걸렸으니까 그런 증상이 나오는 거예요.'

의료에 대한 지식이 없었던 저는 묵묵히 의사의 말을 받아들였습니다. 더 이상 의사의 의견에 의문을 품을 만한 사고력과 기력도 없었고요. 의사는 항우울제(팍실)의 복용량을 2정에서 3정(30㎎)으로 늘렸습니다. 사실 그 무렵에는 제가 뭘 얼마나 복용하고 있는지 아는 것조차 힘들었습니다. 그저 조금이나마 나아지면 좋겠다고 바랐고, 그 바람만 이뤄진다면 주는 대로 약을 먹어도 괜찮다고 생각했지요.

그렇지만 수전증, 현기증, 호흡 곤란이 점점 심해지며 서 있기조차 버거워졌습니다. 일어서면 실신했기 때문에 집 안을 기어서 이동했지요. 혈압을 재보자 최고 혈압은 70대, 최저 혈압은 50대가 나오더군요. 너무너무 괴로워서 예약일보다 앞서 병원에 가니 혈압을 올리는 약(리스믹정 20㎎)을 처방해주었는데, 그 약을 먹자 이상할 만큼 어깨가 결리는 것이 외려 상태가 더 나빠졌습니다.

다시 진찰을 받았고, 그때 처음으로 팍실의 복용량을 줄였습니다. 그리고 다른 항우울제(아목사핀)를 추가하니 수전증은 멎더군요. 그 무렵에 제가 하루치로 처방받은 약은 모두 7종이었습니다. 항우울제(팍실 10㎎, 아목사핀 30㎎), 항불안제(트라조돈염산염정 25㎎×3정, 로라제팜 0.5㎎×3정), 정신안정제(알프라졸람 0.4㎎), 수면제(조피클론 7.5㎎), 그리고 변비약. (약의 분류는 당시 주치의에게서 들은 대로 했습니다. 지금 인터넷에서 찾아보니 트라조돈염산염정은 "항불안 효과가 강한 항우울제"라고 쓰여 있네요.)

그 직후 주치의가 바뀌었습니다. 공립병원에서는 해마다 주치의가 바뀐다는 걸 나중에 알았죠.

"팍실은 항우울제로 효과가 좋긴 한데, 아무래도 환자분과는 맞지 않는 모양이네요."

새로운 주치의는 이렇게 말하며 팍실 처방을 멈추고 항우울제로는 아목사핀만 썼습니다. 그러자 움직일 수 있는 시간이 약간 늘어났고, 식욕이 조금씩 돌아왔지요. 급작스레 닥치는 불안감 때문에 괴로워하는 일도 없어졌고요.

이렇게 악몽 같던 여름이 끝났습니다. 6월 첫 진료에서 4개월 가까이 지난 때였습니다.

진 흙 탕 에 서
빠 져 나 오 다

　새로운 주치의가 오고 약이 바뀐 뒤로는 생명을 위협하는 부작용이 사라졌습니다. 다만 머리는 항상 멍했고 행동도 느릿느릿했지요.

　평온한 생활이 돌아와서 오랜만에 책을 펼쳐봤지만, 좀처럼 의미가 머리에 들어오지 않았습니다. 읽어야 하는 행도 자주 헛갈렸고, 일단 독서를 멈추면 그때까지 읽은 내용이 하나도 생각나지 않아서 깜짝 놀랐습니다.

　책을 바꿔서 가벼운 소설을 읽어봤지만 주요 등장인물의 이름을 기억할 수 없었습니다. 줄거리를 따라가지 못해 결국 책장을 덮었죠.

　책은 어릴 적부터 좋아했습니다. 건강했던 시절에는 매일 몇 권을 동시에 읽을 정도였지요. 지금 생각해보면 책을 읽지 못하는 것은 심각한 사태였습니다. 하지만 그때는 충격을 받지 않았습니다. 우울증을 경험한 친구가 "우울증에 걸리면 책을 못 읽어."라고 말해주었기에 '이것도 증상이야. 지나면 괜찮아질 거야.' 하고 받아들였지요.

새로운 일에
도전하다

───────────────────────────────

거의 외출하지 않으면서 조용히 생활하다 보니 점점 상태가 진정되었고 약도 줄었습니다. (첫 진찰을 받은 2004년 6월로부터 반년 후에는 수면제를 두 종류 복용하고 있었는데 그중 조피클론은 끊었습니다. 2004년 10월부터 복용했던 플루니트라제팜은 2정에서 1정으로 줄였죠. 이듬해 1월에는 항불안제라고 설명을 들었던 트라조돈염산염정이 3정에서 1정으로 줄었고, 플루니트라제팜은 아예 끊었습니다. 2월에는 항우울제인 아목사핀이 3정에서 2정으로 줄었고요.)

그러자 머릿속이 선명해졌고 책도 다시 읽을 수 있었습니다. 기력도 돌아와서 우울증을 하루빨리 치료하고 싶다는 의욕이 샘솟았지요. 병원에서는 "약 잘 복용하세요." 하는 당부 외에 구체적인 지시(운동과 영양 등)가 없었던 것으로 기억하는데, 저는 약만 먹어서는 낫지 않을 것이라고 생각했습니다.

심리상담을 받으면 개선되지 않을까 싶어서 찾아보았지만, 한 번에 1만 엔이라는 상담비는 당시 벌이가 없던 저에게 감당할 수 없는 금액이었죠.

이런저런 책을 찾아 인지행동요법, 호흡법, 명상 등을 독학하고는 차례차례 시험해봤습니다. 저는 원래 뭔가 찾아보는 것과 새로운 시도를 하는 것을 좋아합니다. 우울증에 효과가 있을 듯해서 요가를 시작했고, 매일 해돋이 전에 일어났기 때문에 어둑어둑할 때부터 산책을 했습니다. 운동이 뇌에 좋을 것이라고 믿었기 때문입니다. 공원의 자그마한 산 위에서 떠오르는 태양 빛을 쬐면 피부를 통해 에너지가 스며드는 것 같았죠. "괜찮아. 분명 나을 거야." 그렇게 믿어 의심치 않았습니다.

저는 점점 회복하는 것이 무척 기뻐서 더욱 적극적으로 재활을 해야겠다고 생각했습니다. 단시간이라도 일을 하며 몸과 머리를 쓰면, 단절되었던 사회와도 연결되고 더욱 건강해지지 않을까 생각한 것입니다.

"매일 혼자 집에 틀어박혀 있으면 좋지 않을 것 같아서 밖에 나가 조금이라도 일을 해볼까 해요."

"일을 하신다고요. 일보다는 취미를 가져보는 게 어떠세요? 사실 일은 권해드리지 않아요. 그래도 꼭 하고 싶으시면 되도록 한가하고 편하고 책임이 적은 일을 하세요."

저는 주치의의 조언대로 단시간의 일거리를 찾기 시작했습니다. 하지만 '한가하며 편한 일'이란 없더군요. 그나마 앉아서 하는 일이면 편할 듯해서 새로 생긴 콜센터의 대량 채용에 지원했고, 합격자 중 한 명이 되었습니다.

외 우 지

못 하 다

콜센터 업무 연수에 들어갔는데, 업무 절차를 외울 수가 없었습니다. 저보다 나이 많은 사람들이 대수롭지 않게 해내는 컴퓨터 조작도 저 혼자만 끝까지 못 했지요. "집에서 외우고 싶은데 매뉴얼을 가져가도 될까요?" 강사에게 부탁했지만 대외비라며 허락해주지 않았습니다.

강사도 연수 동기도 '외우지 못하는 저'를 이해하지 못했고, 저를 바라보는 눈빛이 점점 변했습니다. 누구보다 저 자신이 왜 이렇게까지 못 하는지 이해하지 못했고요. 우울증은 기억력까지 빼앗는 병이었나 하고 겁먹었는데, 연수는 일정대로 진행되었습니다.

사람들이 질린 듯한 눈으로 저를 볼 때마다 "저는 병에 걸렸다고요!" 하고 소리치고 싶었지만, 우울증 치료 중이라는 사실은 면접 때부터 숨기고 있었습니다. 말하면 떨어졌을 테니까요.

결국 아무것도 외우지 못한 채 연수 도중에 그만두었습니다. 불면, 두통, 나른함이 다시 돌아왔는데, 그보다 저 자신의 비참한 모습을 견디기가 어려웠습니다. '이건 병의 증상이라 못 외워도 어쩔 수 없다.'라고 냉정하게 생각하지 못했습니다. 그저 부끄러움과 한심함에 난도질을 당했습니다.

다음 진료에서는 항우울제(아목사핀)와 항불안제(로라제팜)를 증량했습니다. 저는 다시 축 늘어졌고, '우울증 환자'로 멍하니 지낼 뿐인 일상으로 돌아갔습니다.

환청도 환시도
깨닫지 못하다

요즘도 가끔 들리는 동요 「저녁노을」의 환청을 처음 경험했던 때가 그 무렵입니다. 여러 차례 반복해서 뚜렷하게 들었지만 환청이라는 단어를 떠올리지는 못했습니다. 무릇 환청이란 음악이 아니라 사람의 음성이 들리는 것이라고 생각했거든요. 진료실에서 제가 겪은 일을 설명하고 "무슨 일일까요?" 하고 물어봐도 의사는 그저 고개를 갸웃할 뿐이었습니다. 저는 우울증 증상이 아니라면 그냥 잘못 들었나 보다 생각했지요.

만약 그때 의사가 다른 환각에 대해서도 물어봤다면….

'뭔가를 사람이나 동물로 잘못 본 적은 없으세요? 아니면 벽의 얼룩처럼 흐릿한 것이 사람 얼굴이나 동물로 보인 적은요? 그 외에 눈이 기묘하게 착각하는 경험은 없으셨어요?'

의사가 이렇게 물어봐주었다면 우울증이 아니라 매우 초기의 레비소체 인지저하증(레비소체병)일지 모른다고 의심하지 않았을까요. 이렇게 생각한 것은 훨씬 나중에 제가 레비소체 인지저하증을 의심해서 처음으로 전문의를 찾아갔을 때입니다. 처음 우울증 진단을 받았을 때 이미 환시를 경험하고 있었지만, 눈이 착각한 줄 알았기에 의사에게 말한 적은 한 번도 없었습니다.

그렇지만 의사를 탓할 마음은 요만큼도 없습니다. 제가 우울증 진단을 받았던 당시(2004년)에 레비소체 인지저하증의 존재와 증상을 자세히 아는 의사가 얼마나 있었을까요. 저 역시 병명조차 몰랐습니다. 널리 알려지지 않은 병의 환자는 적절한 진단명과 치료에 도달하기까지 고된 난관을 넘어서야 하며, 불운하다고 표현할 수밖에 없는 오랜 세월이 필요하다는 사실을 수많은 투병기를 읽고서야 알게 되었습니다.

이번에는
편의점이다

우울증 치료를 받는 동안에는 제 병을 이해하는 극히 소
수의 절친한 친구 말고는 만나지 않았습니다. 우울증 진단 전
에는 여러 그룹에 소속되어 다양한 활동을 즐겼지만, 일찌감
치 모든 그룹에서 빠져나왔지요. 최악의 시기를 지나 꽤 회복
된 다음에도 제가 겉과 속이 완전히 다른 사람이 되었다는
걸 스스로 알고 있었습니다. 한번은 길에서 우연히 마주친 지
인이 불쌍하다는 듯이 저를 보았는데, 그 눈빛이 절대 잊히지
않습니다.

정기적으로 참여하던 지역 모임과도 멀어졌습니다. "우울증
이라니 한심하네." "그렇게 심약한 사람은 아닌 줄 알았는데."
나이 지긋한 두 분에게서 들었던 말인데, 우울증에 대한 오해
와 편견이 얼마나 뿌리 깊은지 새삼 깨달았습니다. 제 병을 알
게 된 사람들이 마치 부스럼을 건드릴까 조심하는 양 저를 대
하는 것도 싫었고요.

일을 그만두고 다시 집에 틀어박혀서 온실 속의 화초처럼
생활하니, 몸 상태가 안정되어 늘어났던 약도 줄어들었습니다.
그래서 활기가 생기자 '이렇게 은둔 생활을 해서는 평생 낫지
않을 거야.' 하는 생각이 들었습니다. 사람과의 연결을 되찾고

싶었던 것이죠. 다만 활발했던 예전의 저를 아는 사람보다는 지금의 저밖에 모르는 사람이 외려 전과 비교하지 않아 나을 것 같았습니다.

저는 다시금 병을 숨기고 역 앞의 편의점에서 파트타임으로 일을 시작했습니다. 집과 가까운 역이 아니어서 아는 사람과 마주칠 염려도 없었지요. 계산대에서 하는 일은 멍해진 저도 할 수 있을 줄 알았습니다. 카운터를 사이에 둔 접객은 그간 사람을 피해왔던 저에게 좋은 재활이 될지도 모른다고 생각했고요….

그렇지만 막상 시작해보니 대부분의 시간은 매장 뒤편에서 육체노동을 했고 쉴 틈도 없었습니다. 그리고 제 기억력이 전혀 회복되지 않았다는 것을 알게 되었지요.

선반에 상품을 보충하러 창고에 가면 무슨 상품이 부족한지 잊어버려서 다시 선반으로 돌아가 확인해야 했습니다. 여러 상품을 동시에 보충해야 하는 상황이 닥치면, 서둘러서 메모를 해도 머리가 혼란스러워서 매번 실수를 저지르며 허둥댔고요. 상품을 발주하는 법도 배우긴 했지만 머리에 들어오지 않았습니다.

노력하면 분명히 어떻게든 될 거라고, 직접 노트를 만들고 집에서 계속 들여다보며 외우려 했지만 결국 안 되더군요. 처음으로 혼자 발주했을 때, 제 실수로 대량의 상품이 매장으로

와버렸습니다. 점장은 "다시는 당신한테 안 시켜."라고 했지요.

파트타임 동료들도 저에게는 말을 걸지 않게 되었습니다. 저는 콜센터 때와 똑같은 수렁에 빠져들었습니다.

그만두겠다고 말하자 점장은 웃으며 말했습니다. "당신 같은 사람은 바깥일이랑 안 어울려. 집에서 주부나 하라고."

그리고 다시 늘어난 약의 종류와 복용량.

머릿속에 드리우는 짙은 안개.

온실 속 화초 같은 생활.

또 다 시

지 옥 의 루 틴 으 로

저 자신이 완전히 무능하고 쓸모없어져서 사회에 전혀 필요하지 않은 인간이 되어버린 것 같았습니다. 우는 것도 아니고, 웃는 것도 아니고, 무언가 하는 것도 아닌 채 그저 매일 어딘가로 떠내려가는 듯했지요.

그러던 어느 날, 라디오에서 히라하라 아야카의 노래 「주피터」가 흘러나왔습니다. "꿈을 잃는 것보다 슬픈 건 자신을 믿지 않는 것"이라는 가사를 들은 순간, 갑자기 제정신이 돌아온 듯 감정이 되살아났습니다.

"왜 내가 이렇게 한심한 인간이 되어버린 거지? 왜 안 낫는 거야? 대체 언제까지 이럴까?"

지쳐서 꼼짝 못 할 때까지 울고는 마비된 듯한 머리로 생각했습니다. 나는 이대로 아무런 역할도 하지 못하고 나이만 먹다가 죽겠구나….

우울증 환자로서 약을 복용했던 6년 남짓한 시간 동안 죽고 싶다고 생각한 적은 없었습니다. 저에게 가치가 있다고 생각하진 않았지만요. 당시 저에게는 우울증이 나을 것이라는 희망이 전혀 없었습니다.

매달 빠지지 않고 병원에 다녔지만, 주치의에게 뭔가 질문할 의욕도, 좀처럼 나아지지 않는 고통이나 고민을 털어놓을 마음도 들지 않았습니다.

"어떠세요?"

"그냥 비슷해요."

주치의는 매년 바뀌었지만 모두들 냉담하게 흥미 없다는 듯이 같은 질문을 했습니다. 제가 답하면 의사들은 진료기록을 보며 달칵달칵 키보드를 두드려 뭔가 입력했고, "그럼 같은 약을 처방해드릴게요." 하고는 짧은 진료를 끝냈지요.

차갑고 기계적인 진료실에서 나와 긴 복도를 걷는다. 넓은 로비 구석에 있는 자판기 같은 기계에 진료비 1,400엔을 넣는다. 기계가 뱉어내는 영수증과 다음 달 예약 내역과 처방전을 받아 약국으로 간다. 돈을 내고 약을 받으면 귀가한다.

몇 년간 매달 반복한 이 루틴에서 아무런 의미도 느껴지지 않았고 끝조차 보이지 않았습니다. 저는 그저 허무함만 느끼며 병원을 다녔습니다.

이 '감기'는
언제쯤 나을까?

몸 상태가 조금이나마 안정되면 "약을 끊고 싶어요."라고 매년 바뀌는 주치의들에게 말했습니다. 항우울제의 효과를 느낀 적이 없었기 때문입니다. 하지만 돌아오는 답은 어느 의사나 마찬가지였습니다. "약을 끊으면 더 나빠질 거예요. 우울증은 재발하기 쉬운 병이에요. 짧아도 반년, 가능한 1년 동안 좋은 상태가 지속되면 모를까, 그렇지 않다면 약은 계속 드셔야 해요."

좋은 상태가 반년이나 지속된 적은 없었습니다. 환절기나 장마철이 되면 컨디션이 나쁜 날이 늘어났지요. 그래도 저는 주치의가 바뀔 때마다 "약을 끊고 싶어요."라고 말했습니다. 의사의 지시를 따르기만 해서는 약을 끊을 날이 영영 오지 않을 것 같았으니까요.

"저는 언제까지 약을 먹어야 할까요? …평생일까요?"

"일을 하시는 분들은 정년까지 드시기도 해요. 뭐, 평생 복용하시는 분들도 있고요."

처음 우울증 진단을 받고 찾아본 책에는 "약을 제대로 복용하면 수개월에서 반년 만에 좋아진다."라고 쓰여 있었습니다. 저는 그 말을 100퍼센트 믿었습니다. 그래서 점점 악화되는 와중에도 약을 잘 먹으면 반드시 나을 것이라고 믿으며 약에 의지하길 멈추지 않았지요.

우울증이 왜 '평생 약을 먹어야 하는 병'인지, 저는 도무지 이해할 수 없었습니다. 당시에는 텔레비전과 신문, 잡지에서 우울증을 가리켜 "마음의 감기"(제약회사가 주도한 캠페인에서 사용한 표현)[5]라고들 했는데 말이죠.

저에게는 한때 '절체절명의 폐렴'이었지만, 그래도 처음 우울증 진단을 받았던 무렵에는 반드시 낫는 병이라고 믿어 의심치 않았습니다. 그랬는데, '감기' 때문에 병원에 갔는데, '감기약'을 평생 먹으라니 무슨 말일까요? 대체 이게 무슨 영문인지….

저는 의문과 강한 위화감을 느꼈지만, 무엇이 어떻게 잘못되었는지 몰랐습니다. 그런 상태로 첫 진료 당시 중학생이었

---

5   세계적인 제약회사 글락소스미스클라인은 2000년대 초반 일본에서 항우울제 팍실의 판매를 증대시키기 위해 "우울증은 마음의 감기"라는 카피를 내세워 대대적인 마케팅을 벌였다.

던 아이들이 대학생과 고등학생이 될 만큼 시간이 흘렀지요.

그 시기의 제 사진은 거의 없습니다. 몇 장 안 되는 사진 속의 저는 생기라고는 없고 나이보다 훨씬 늙어 보이죠. 당시에는 옷도 수수하고 최대한 눈에 띄지 않는 걸 골라 입었습니다. 우울증 치료를 받는 동안에는 멋을 내고 싶다는 마음조차 안 들더군요. 누구의 눈에도 띄지 않는, 있는지 없는지 모르게 지나치는 존재가 되고 싶었습니다. 저는 변해버린 제 모습을 사람들에게 보이기 싫었던 것입니다.

일곱 번째
주치의

오랫동안 이어진 통원에 종지부를 찍은 사람은 일곱 번째 주치의였습니다.

"오늘부터 제가 담당하게 되었어요."라며 젊은 남성 의사가 인사했을 때, 저는 '몇 번째 의사지?' 하고 생각했습니다.

"컨디션에 기복은 있지만, 안정된 채 생활할 수 있다."고 하자 새 주치의는 항우울제(아목사핀 25㎎)를 2정에서 1정으로 줄여주었습니다. 5년 2개월 동안 복용해왔던 항불안제(로라제팜, 벤조디아제핀 계열의 약물)는 처음으로 끊어주었고요.

앞서 갑자기 닥치는 불안감에 힘겨워하다 항우울제를 바꾸니 괜찮아졌다고 했지요. 그때 의사에게 "항불안제는 이제 필요 없는 것 같아요."라고 했습니다. 하지만 의사는 "항우울제와 함께 복용하면 효과가 높아져요. 불안감이 들지 않아도 계속 복용하세요." 하며 항불안제를 처방했고, 그 뒤로 항불안제 중지가 검토된 적은 한 번도 없었습니다. (처음 처방받았던 2004년 9월에는 3정이었다가 2005년 2월에는 2정으로 줄었습니다. 그 뒤 두 차례 증량했지만, 2007년 1월에 1정으로 줄였죠.)

항불안제를 끊으니 잠들지 못하는 날이 늘었습니다. 당시에는 벤조디아제핀 계열 약물에 의존성이 있어 약을 끊으면 금단 증상이 나타난다는 사실을 전혀 몰랐습니다. 그래서 약을 다시 늘리는 게 나을까 여러 날 고민했지요. 하지만 약에 의지하지 않는 생활을 되찾고 싶다고 오랫동안 바랐기 때문에 불면증은 개의치 않기로 했습니다.

'오늘 못 자도 내일 자면 돼. 이틀을 못 자면 사흘째에는 반드시 잘 수 있고.' 이렇게 생각하니 한결 편해지더군요.

그 무렵에 만난 가장 친한 친구에게서 "건강해진 것 같아."라는 말을 들었습니다. 불면에 시달렸기 때문에 좋아졌다는 자각은 없었지만, 오랫동안 저를 봐왔던 친구가 말해준 만큼 약을 줄인 덕분인가 보다 납득했습니다.

그 뒤로 제 상태는 뚜렷하게 나아졌습니다. 다음 진료에서 저는 매년 주치의들에게 했던 말을 다시 입에 담았습니다.

"상태가 많이 좋아졌어요. 저, 약을 끊고 싶어요."

어차피 답은 전과 같을 것이라고 생각했습니다. 그런데 새로운 주치의는 잠시 눈을 감았다 뜨더니 말했습니다.

"그만두죠. 바로 그만두죠!"

전혀 예상치 못했던 말에 오히려 제가 당황했습니다.

"네? 어, 그렇게 바로 끊어도 괜찮아요?"

"불안하세요? 서서히 줄이면 괜찮아요."

"하루에 한 알 먹는 약을 어떻게 줄여요?"

"이틀에 한 알로 해보죠."

주치의의 말대로 하니 별로 고생하지 않고 항우울제를 끊을 수 있었습니다.

나았다!

전처럼 빠른 속도로 책을 읽을 수 있게 되었습니다. 건강하던 무렵의 다독가로 돌아갔지요. 친구가 권해서 가입했던 SNS 사용법을 도무지 이해하지 못했었는데, 당시 일기에 적은 대로 "갑자기 사용법이 이해되었"고요. 좋아하던 운동을 다시 진심으로 즐길 수 있어서 매일 러닝을 했습니다. 기분이 무척 상쾌했고, 뭔가 새로운 것을 하고 싶어 근질근질했지요.

'됐어, 나은 거야! 우울증이 나았어!'

첫 정신과 진료를 받고 6년 가까이 지났던 때입니다. 약에 대한 지식이 없었던 저는 그 6년이 무엇을 의미하는지 몰랐습니다. 그저 건강을 되찾은 것이 기뻤습니다. "나았어!"라고 외치며 달리고 춤추고 뒹굴고 싶은 기분이었죠.

"나는 부활했어. 나는 다시 살아났어. 나는 나를 되찾은 거야!"

몇 번이고 이렇게 소리치고 싶었습니다.

치료라는 정글을
나아가는 법

　'우울증 환자'로 치료 받으며 고통스러웠던 6년을 돌이켜보면, 무엇이 레비소체 인지저하증의 증상이었고 무엇이 약의 부작용이었는지 잘 모르겠습니다.

　의사에게도 질문해보았지만, 명확히 구분할 수는 없다고 하더군요. 레비소체 인지저하증에서도 우울증과 똑같은 심신의 부조화가 종종 나타나기에 "초기에는 우울증과 구별하기 어렵다(어떤 의사도 구별할 수 없다)"는 말을 여러 의사에게서 들었습니다.[6]

　다만 한 의사는 마땅한 방법이 없었다 해도 "치료 과정에서 심각한 부작용이 나타났을 때 의사가 레비소체 인지저하증의

6　레비소체 인지저하증 환자 중 46퍼센트가 처음에 우울증 진단을 받았다는 조사 결과가 있습니다. (高橋 晶、水上 勝義、朝田 隆「レビー小体型認知症（DLB）の前駆症状、初期症状」『老年精神医学雑誌』Vol. 22(増刊-1), 60-64p, 2011)―지은이 주

가능성을 고려했으면 좋았을 텐데."라고 말했습니다.

레비소체 인지저하증이라는
진단명

47세에 되찾았던 건강한 생활은 계속되지 않았습니다.

우울증이 나았다고 기뻐했던 다음 해에는 사람의 환시가 자주 보였습니다. 어느 밤에는 침실 문을 열었더니 처음 보는 남자가 자고 있어서 깜짝 놀라 심장이 멎는 줄 알았습니다. 그때 처음으로 눈이 착각한 것치고는 너무 선명하게 보인다고 의아해했지요.

인터넷 검색으로 알게 된 레비소체 인지저하증에 대해서 조사해보니 많은 증상이 제가 겪은 일들과 꼭 들어맞더군요. "오진이나 잘못된 치료로 악화되는 환자가 적지 않다."고 쓰여 있었는데, 당사자나 주위 사람들이 눈치채지 못하면 돌이킬 수 없는 일이 일어난다고도 했습니다. 레비소체 인지저하증은 일반인은 물론 의사에게도 아직 충분히 알려지지 않았던 것입니다.

저는 레비소체 인지저하증에 정통한 전문의가 있는 병원에 찾아가 진찰을 받았습니다. 의사는 당장 진단을 내리지 않았고, 경과를 지켜보자고 했습니다. 컨디션 난조 탓에 괴롭고 환시가 무서워 버티기 힘들 지경인데도 "치료는 안 한다." "진행을 늦추기 위해 당사자가 할 수 있는 일은 없다."라고 하기에 인지저하증 치료에 대해 많은 의문이 들었습니다. 그 뒤로 저는 스스로를 구하기 위해 의료 정보를 찾아 헤매는 능동적인 환자로 변해갔지요.

초진을 받은 이듬해에 같은 의사에게서 레비소체 인지저하증 진단을 받았습니다. 항인지저하증 약물 치료를 시작하자 환시를 비롯해 여러 증상이 한결 나아졌습니다. 그다음 해부터는 익명으로 이런저런 프로젝트[7]에 협력했고, 앞서 이야기했던 대로 NHK의 생활정보 프로그램 등에서 취재를 받기도 했지요. 진단을 받고 1년 반이 지나서는 처음으로 당사자로서 실명을 공개하고 단상에 올랐습니다. (비영리단체 '인지증 연구소認知症ラボ'가 주최한 '레비 포럼 2015'였습니다.) 그해에는 진단 전후에 쓴 일기가 『내 뇌에서 일어난 일』이라는 책으로 나왔고요.

7　이바 다카시(井庭 崇)와 오카다 마코토(岡田 誠)가 엮고 쓴 책 『여행의 말: 인지저하증과 함께 잘 살아가기 위한 힌트(旅のことば—認知症とともによりよく生きるためのヒント)』(丸善出版 2015)에 협력했습니다. 또한 건강과 질병에 대한 경험담을 모아 공유하는 비영리단체 디펙스 저팬(DIPEx Japan)의 웹사이트 중 '인지저하증의 말' 코너에 제 경험을 제공했고요.—지은이 주

판타지를 연기해야 하는
의사

실명으로 활동하면서 인지저하증 전문의와 알게 될 기회가 늘어났습니다. '사람 대 사람'이라는 수평적 관계에서 대화하자 '환자'라는 위치에서는 알 기회가 없던 의사의 세계가 보이기 시작하더군요. 환자와 의사가 서로 다른 '상식' 위에 서 있다는 것, 그리고 의사 역시 불안과 고뇌를 떠안고 있다는 걸 알게 되었습니다.

"아무리 의사라도 병의 증상과 약의 부작용을 구별하기란 어려워요."

"약을 줄이려면 용기가 필요해요."

한 마디 한 마디가 제 내면에 있던 '환자의 상식'을 무너뜨렸습니다.

'투병이 일어나는 전장에서는 의사를 믿어야 한다. 의사만이 적을 잘 알고 있으며, 최강의 무기를 갖추고 있다. 의사는 그 무기를 휘둘러서 나를 고통과 불안에서 구원해줄 것이다.'

많은 환자들이 이런 판타지를 갖고 있습니다. 저 역시 처음 정신과를 찾아갔던 41세 때는 그처럼 무지하고 수동적인 환자였지요.

지금은 알고 있습니다. 의사는 복잡하고 불분명하며 곳곳에 난관이 도사린 전장의 최전선에 홀로 서서 "빨리 구해줘요!" 하는 환자와 가족의 간절한 시선을 한 몸에 받습니다. 그 손에는 단 하나의 무기밖에 없습니다. 그 무기에 많은 환자들이 바라는 위력은 없습니다. 오히려 예측하기 어려운 온갖 위험성을 동반하고 있지요.

한 정신과 의사는 분하다는 듯이 말했습니다. "약으로 증상을 없애라고 학부생 시절부터 배워왔기 때문에 증상이 사라지지 않으면 당연히 약을 늘려야 한다고 생각했습니다. 하지만 증상은 그렇게 쉽게 사라지지 않았어요." 정신과 약을 점점 늘려도 상태가 악화될 때, 궁지에 몰리는 사람은 환자뿐이 아니었던 것입니다.

환자로서의 관점밖에 없던 무렵에는 그런 사정을 몰랐습니다. 텔레비전도 책도 "좋은 약이 있으니 빨리 진찰을 받으세요." 하는 말밖에 안 했고요. 요즘에는 달라졌지만, 당시에는 '다약제 복용'의 위험성을 경고하는 기사를 본 적이 없습니다.

조기 발견이라는
무리한 희망

환자의 지나치게 큰 기대는 실망과 엉뚱한 원한으로 이어지곤 합니다. 그러면 환자와 의사 모두가 불행해질 뿐입니다. 어떤 진전도 없고요. 저는 그런 불행을 어떻게 하면 줄일 수 있을까 고민해왔습니다.

인지저하증과 의료를 공부하면서 알게 된 사실은 '뇌에 대해 알아낸 것이 정말로 적다'는 것입니다. 그만큼 의료가 책임질 수 있는 것이 한정된다는 말입니다. 아직 원인을 모르고 치료약이 없는 데다 확실한 예방책도 없는 병이 많습니다. 개인별로 차이도 큽니다. 같은 진단명이라도 증상이 매우 달라서, 약의 효과에 부작용의 방식에 병세의 진행까지 사람마다 다 다르죠. 인간관계 같은 환경의 영향이 매우 커서 환경의 변화만으로 증상이 크게 개선되거나 악화되기도 하고요. 앞으로 어떤 증상이 어떻게 나타나서 얼마나 빠르게 진행될지 따위 누구도 모릅니다. 문제는 환자가 그리 생각하지 않는다는 것입니다. 인지저하증은 병이니, 문제를 해결할 책임이 의사에게 있다고 믿지요.

고령화에 따라 늘어나는 고령자의 인지저하증은 노화와 선을 긋는 것조차 불가능할 만큼 애매모호한, 경계선이라곤 없는 영역입니다. 하지만 많은 사람들은 뇌 검사를 하면 간단하게 흑백을 가릴 수 있고, 약만 복용하면 진행을 억누를 수 있다고 오해하고 있습니다.

인지저하증에 대해 "조기 발견·조기 진단이 중요합니다." 하고 줄곧 강조되지만, 초기일수록 증상은 몇 가지 되지 않고 눈에 잘 띄지 않습니다. 검사 영상에도, 인지기능검사의 수치에도 잘 드러나지 않아서 진단하기 매우 어렵죠. 이런 현실을 환자와 가족은 모릅니다. 진찰이 빠르면 빠를수록 조기 발견은 할 수 없고, 그저 두고두고 불만을 터뜨리는 사람만 늘어날 뿐입니다.

그렇다면, '조기에 정확히 진단을 하기는 어렵습니다.'라고 선언하면 어떨까요? 그것이 상식이 된다면, 환자와 가족과 의사 모두가 한결 편해져서 피해도 줄어들 것이라고 저는 생각합니다.

'처음부터 정확히 진단하지 못하는 것이 당연하다.'

'수많은 병과 치료에 관해 매일 갱신되는 방대한 지식을 한 명의 의사가 망라하기란 불가능하다.'

'한 환자에게 어떤 약이 맞고 적절한 복용량이 얼마인지, 그리고 어떤 효과나 부작용이 나타날지는 약을 써보지 않는 이상 누구도 예측할 수 없다.'

환자와 가족이 이런 사실들을 명심하고 '그럼 어떡해야 피해는 최소로 줄이면서 이득이 큰 의료로 한 발 나아갈 수 있을까? 그러기 위해 나는 무엇을 할 수 있을까?' 하는 고민을 하는 편이 현실적이라고 저는 생각합니다.

앞이 보이지 않는 정글을
눈을 감은 채 따라간다고?

애초부터 의료에 해결책을 구하지 않는 게 나은 병, 증상, 연령층, 환경도 있습니다.

고열이 나면 해열제를 먹고 출근하고, 잠들지 못하면 수면제를 먹어서라도 일을 쉬지 말아야 한다. 이런 사고방식이 근본부터 잘못되었다는 것을 이제는 저도 압니다. 신체가 '이대로는 위험해.'라고 신호를 보내며 가르쳐주는데, 의료에 의지해 약으로 증상을 눌러 놓고 계속 나아가면 어떻게 될지…. 뭐가 어떻게 되든 일을 계속하기 위해 수면제를 받으러 정신과에 갔던 제가 깊은 구멍으로 떨어진 것도 당연한 일입니다.

어떤 사람들은 초고령자가 되어 건망증이 심해지면 인지저하증 약을 먹겠다고 하기도 합니다. 항인지저하증 약물을 비롯해 뇌에 작용해서 예상하지 못한 피해를 입힐 가능성이 있는 향정신성 약물은 비타민 영양제처럼 맘 편히 먹어도 되는 것이 아니라고 알려주고 싶습니다.

치료란 앞이 보이지 않는 정글을 헤치며 나아가는 모험과 같다고, 요즘은 생각합니다. 의사라고 앞을 볼 수 있는 건 아니지요. 그런 정글을 눈을 감은 채 의사 뒤에 딱 붙어 나아가는 것은 위험한 일입니다. 그러다 낭떠러지에서 떨어지면 누군가에게 불만을 말할 수 있을까요? 아무에게도 말 못 하겠죠. 의료의 한계를 알수록 저는 그렇게 생각하게 되었습니다.

나 자신의 목숨이 걸려 있습니다. 그런데도 내 병과 내가 먹는 약에 대해 모른다는 것은 나침반 없이 항해하는 것과 마찬가지입니다. 환자 또는 가족이 증상을 관찰하며 남긴 기록이 무엇보다 중요한 지도가 되어줄 겁니다. 저는 그 지도(핵심을 표시한 약도)를 의사와 함께 보며 어떻게 나아갈지 이야기합니다.

스스로 납득할 만큼 의사와 이야기해서 서로 협력하며 나아갈 수 있다면 험난한 여정이라도 안심할 수 있습니다. 잘 풀리지 않는다 해도 그때마다 세세하게 궤도를 수정하면 더욱 나은 방향으로 나아갈 수 있겠죠. 도중에 길을 잃거나 넘어져서 다칠 수 있지만, 스스로 납득하여 나아간 길이라면 후회도 원망도 들지 않을 것입니다.

가설이라도 좋아,
가설이라서 좋아

저는 그동안 환자와 가족과 간병인이 변하는 것이 중요하다고 말해왔지만, 실은 의료인에게도 한 가지 요청을 했습니

다. "진단은, 희망과 한 세트로 얘기했으면 좋겠다." 하는 것입니다.[8]

'조기 발견·조기 절망'이라는 말을 들어보셨나요? 인지저하증 당사자들 사이에서 쓰이는 말입니다. 정확한 진단을 위해서라며 비싸고 심신에 부담도 큰 검사를 차례차례 받은 결과, "○○형 인지저하증입니다." 하는 선고를 받은 환자가 있습니다. 그는 상담기관, 사회적 지원, 피어 서포트, 가족모임 등의 존재를 전혀 알지 못한 채 홀로 절망의 구렁텅이에 틀어박히고 그 때문에 상태는 급격히 나빠집니다. 비교적 젊을 때 인지저하증 진단을 받아서 오랫동안 이런 상황에 빠져 있었던 당사자들이 '조기 발견·조기 절망'이라는 말로 자신이 겪은 일을 표현합니다.

정신과 전문의 나카이 히사오中井 久夫는 『이럴 때 나는 어떻게 해왔나』[9]라는 책에서 이미 '조기 발견·조기 절망' 문제에

---

8   지금은 인지저하증 당사자와 가족에게 희망을 전해주는 책과 영상이 많이 있습니다.
① 일본 인지증 당사자 워킹그룹에서 협력하고 도쿄도 건강장수의료센터에서 발행한 『본인에게 더욱 좋은 생활 가이드(本人にとってのよりよい暮らしガイド)』는 인터넷에 무료로 공개되었으며, 350엔에 종이책을 구입할 수도 있습니다.
② 4명의 인지저하증 당사자들이 참여한 「본인 좌담회(本人座談会)」 영상들이 유튜브에 공개되어 있습니다. 이 영상의 DVD는 NHK 후생문화사업단에서 무료로 대여해줍니다.
③ 인지저하증이 아닐까 불안해하는 당사자와 가족이 안심과 희망을 품고 의료와 공적 지원을 받을 수 있도록 돕는 책인 『만약에: 신경이 쓰이신다면 읽어주세요(もしも一気になるようでしたらお読みください)』는 인터넷에 공개되어 있습니다. ─지은이 주

대한 답을 이야기했습니다.

진단이란 치료를 위한 가설입니다. 최후까지 가설입니다. '선고'가 아니라요. (앞선 책 12면)

"저는 이제 어떻게 되나요?" 하는 환자의 질문에 여러분은 뭐라 답하겠습니까. 무엇보다 중요한 것은 '희망을 처방하는 것'입니다. 저는 예후에 대해 말할 때 "의사와 가족과 환자분, 이렇게 3자의 호흡이 잘 맞는지에 따라 앞으로 크게 달라질 겁니다."라고만 전합니다. 즉 '폭이 넓다.' '가소성可塑性이 있다.' '바뀔 수 있다.' 하는 뜻이죠. (앞선 책 10면)

다음으로 "환자분이 우선해서 저에게 협력해야 하는 것은 불편한 무언가를 알려주는 것입니다."라고 일러둡니다. "가령 약과 관련한 불만을 저에게 말하는 것, 이런 것이 환자분에게 바라는 최고의 협력입니다. 그러지 않으시면 저는 틀림없이 잘못된 판단을 할 테니까요." 하고 말입니다. (앞선 책 13~14면)

9 『こんなとき私はどうしてきたか』 医学書院 2007.

이 글은 정신과에서 조현병 등을 치료하는 상황에 대해 쓴 것이지만, 인지저하증을 일으키는 병에도 그대로 적용할 수 있습니다. "알츠하이머 인지저하증이라고 진단했지만, 몇 년이 지나도 그다지 병세가 진행되지 않아서 그제야 다른 병(은친화과립성 인지저하증 등)이었다는 것을 깨달았다." "고령자는 시간이 흐르면서 다른 형태의 인지저하증이 함께 일어나 병의 양상이 변하는 경우가 드물지 않다." 실제로 인지저하증 전문의에게서 이런 사례를 듣기도 했습니다.

우리는 고령이 되면 여러 뇌질환들이 동시에 일어난다는 사실을 알고 있습니다.[10] 이는 조각으로 나눈 피자처럼 원그래프로 표시한 각 뇌질환의 비율에 특별한 의미가 없다는 뜻이겠죠. 검사 영상으로 모든 것을 알 수도 없고,[11] 해부해서 조사한 뇌의 상태와 생전의 인지기능 상태가 일치하지 않을 수

---

10 규슈대학교 대학원 의학연구원의 '히사야마마치(久山町) 연구'가 밝혀냈습니다. 이 연구는 1961년부터 후쿠오카현 히사야마마치의 거의 모든 주민을 대상으로 이뤄진 대규모 역학조사입니다. 인지저하증에 대해서는 생활습관 등을 추적 조사했고, 돌아가신 분을 해부하여 검사하기도 했습니다.―지은이 주

11 레비소체 인지저하증 환자에 대한 영상 검사의 정밀도는 방식마다 다릅니다. 도파민 운반체(DaT) 스캔은 81.9%, 단일광자단층촬영(SPECT)은 76.4%, MIBG 심근 신티그라피는 69.2%입니다. 이 세 가지 검사에서 모두 양성이었던 환자의 비율은 35%이지요. 병에 걸린 기간이 2년 미만인 환자에 한정하면, 영상 검사의 정밀도는 DaT 스캔이 50%, SPECT는 56.3%, MIBG 심근 신티그라피는 56.3%입니다. (内海 久美子ほか「レビー小体型認知症の初発症状と関連症状の発現率·性差、および前駆段階との関連─脳血流SPECT·MIBG心筋シンチ·DaTスキャンシンチ検査と症状の関連性を通して」『老年精神医学雑誌』Vol. 28, No. 2, 173-186p, 2017)―지은이 주

도 있다고 합니다.[12]

그러니 인지저하증의 진단이야말로 가설이면 충분하지 않을까요? '지금 단계에서 가장 가능성이 높은 건 이쪽이지만, 시간이 지나면 변할 가능성 또한 있다.' 이런 식으로 환자와 가족에게 전하고 변화를 신중히 살피며 유연하게 대응하는 것이 환자도 가족도 의사도 훨씬 행복해지는 길이 아닐까요?

---

12   『우아한 노년』(데이비드 스노든 지음, 유은실 옮김, 사이언스북스 2003)에서 해당 내용을 확인할 수 있습니다. ─지은이 주

에　필　로　그

　　어린 시절의 기억이 불현듯 선명하게 되살아날 때가 많아진
것 같습니다.

　　어느 아침, 텔레비전에서 동요인 『즈이즈이즛코로바시ずいず
いずっころばし』[1]가 흘러나왔습니다.

　　노래를 들은 그 순간, 갑자기 둥글게 모인 작은 주먹들이 머
릿속에 영상처럼 떠올랐습니다. 뒤이어 어머니와 형제들이 둥
근 나무 욕조에 다 같이 몸을 담그고 동요를 부르며 손장난
을 쳤던 때가 선명하게 되살아났지요. 그러쥔 주먹의 틈으로
어머니의 집게손가락이 차례차례 들어오는 감각과 장면이요.

1　　일본의 전래동요. 에도 막부 시대에 생겨났다고 추정하지만, 유래와 가사의 의미가
불분명하기에 제목을 한국어로 옮기지 않았다. 오늘날에는 어린이집 등에서 손장난을 하
며 여럿이 함께 부른다. 술래 외에는 모두 주먹을 내밀고, 노래를 부르는 동안 술래는 순
서대로 주먹의 틈에 손가락을 넣는다. 노래의 마지막에 술래가 손가락을 넣은 사람이 다
음 술래가 된다.

어머니의 손가락이 빨리 내게 왔으면 좋겠다는 기대와 술래가 되는 건 무섭다는 스릴이 뒤섞인 흥분, 그리고 욕실에 울리는 웃음소리 등이 생생하게 기억났습니다. 마치 시간여행이라도 한 듯이….

그렇게 목욕을 하면서 놀았다는 사실을 저는 수십 년 동안 까마득히 잊고 있었습니다. 50여 년 전의 기억이 영화의 한 장면처럼 또렷하게 머릿속에 그려져서 스스로도 놀랐죠. 이 기억은 대체 뇌의 어디에 어떻게 보존되어 있었던 걸까. 시간을 건너서 과거가 다시 나타나다니 신비로운 사건 같았습니다.

'그래, 어머니랑 종종 손장난을 했었지. 우리 형제는 큰 소리로 까르르하고 웃었어….'

그런데 갑자기 '아아, 어떡하지.' 하는 생각에 가슴이 답답해졌습니다.

'나는, 우리 애들하고는 동요를 부르며 그렇게 놀아주지 않았어. 어머니랑 놀았던 걸 까맣게 잊어버렸었네….'

"이 손장난, 어렸을 때 어머니가 해줬었어. 그런데 나는 우리 애들한테 안 해줬어…."

제 말에 남편이 곧바로 잘라 말했습니다.

"했어. 욕실에서 했는데."

"했다고?"

제게는 그 기억이 없습니다. 아무리 애써도 기억나지 않습니다. 50여 년 전의 기억은 갑자기 되살아났는데, 그보다 훨씬 나중의 기억은 떠올리지 못하는 것입니다.

어린아이와 함께 목욕을 하는 것은 인생에서 드물고 특별한 경험이라고 생각합니다. 어느 날, 한 살짜리 손주와 함께 목욕을 할 기회가 있었습니다. 손주를 제 허벅지에 눕혀서 머리를 감길 차례가 되니 '어떻게 하는지 잊어버렸는데, 할 수 있을까?' 하고 좀 긴장되더군요.

그런데 손주는 몇 번 만나지도 않은 초보 할머니인 저에게 전부 맡긴다는 듯 침착하고 자연스럽게 누워 있었습니다. 의심과 불안이라곤 티끌만큼도 없이 도를 깨달은 듯한 반쯤 감은 눈으로 미동도 하지 않고 목숨을 맡긴 것입니다. 마치 하느님 같다고 생각했습니다.

우리는 도통 품지 못하는 신뢰가 한 살짜리 아이에게 있었습니다. 말로 소통조차 못 하는데 잘 모르는 사람을 굳게 신뢰하면서 자신을 전부 맡긴다니, 어떻게 그럴 수 있을까요. 저는 신성한 무언가를 만지는 양 아이의 머리를 감기고 몸을 씻겼습니다.

그때 제 손은 제 사고와 다른 것을 인식하고 있었습니다. 제 손은 기억했던 것입니다. 희망으로 가득 찬 듯이 묵직한 아기의 무게, 매끈매끈한 피부의 강한 탄력, 포동포동한 배, 찐빵 같은 주먹, 한 줄로 늘어선 완두콩 같은 발가락들….

저는 점점 지금이 언제이고 제가 몇 살인지 알 수 없었습니다. 물론 제 무릎 위에서 씻는 대로 가만히 있는 건 제 아이의 아이였습니다. 그 사실은 저도 알았지요. 하지만 제 손이 생생하게 떠올리는 것은 제 아이를 씻기던 때의 감촉이었습니다. 그때의 '나'는 20대입니다. 그리고 기분 역시 그 당시로 돌아갔습니다. 눈이 부시게 찬란했던.

'이대로 시간이 멈춰버리면 좋을 텐데.'

그러다 불현듯 '지금'으로 돌아왔습니다.

대체 무슨 일이었을까요. 꿈을 꾸며 '이건 꿈이야.'라고 생각하듯이 생소한 감각을 경험하며 저는 '이건 이상해.'라고 자각하고 있었습니다. 시간 감각에 장애가 있으니, 손에 새겨진 기억이 방아쇠를 당겨서 시간과 기억 모두가 뒤엉킨 것일까요. 그렇게 머릿속에서 시간과 공간이 크게 뒤틀린 걸까요….

짧은 시간이었지만, 저는 틀림없이 시공을 뛰어넘었습니다. 의식은 또렷했고 눈앞의 어린아이가 제 손주라는 걸 알았지만, 뇌 속은 20대의 저로 돌아갔던 것이죠.

건강한 사람 역시 이따금 비슷한 착각을 하지 않을까요. 다만 뇌기능이 약할수록 아주 사소한 계기로 시간과 공간이 뒤틀리는지도 모릅니다.

고령의 인지저하증 당사자들이 종종 이렇게 말한다고 하죠. "유치원에 애를 데리러 가야 돼." "출근해야지." "밭에 물 주러 가자." 이런 말들은 생각보다 훨씬 자연스러운 일인지도 모릅니다.

시간과 기억은 서로 착 달라붙어 있지만, 항상 가지런하게 줄 맞춰 있지는 않습니다. 흔히 시간과 기억은 냉동고에 쌓아 둔 얼음처럼 빈틈없이 정리되어 있다고 여기지만, 때로는 녹아서 흘러내리고 서로 섞이기도 합니다. 증발해서 하늘로 퍼져 나가는 것들도 있겠죠. 설사 그런다 해도 사라진 것은 아닐 겁니다. 눈에 보이지 않을 뿐, 본인이 의식하지 못할 뿐, 분명히 계속 존재한다고 저는 느낍니다.

저는 생각합니다. 눈에 보이지 않는다고 해서 괴로워할 필요는 없잖아. 소중한 추억은 모양을 바꿔서 살포시 우리를 감싸고 있으니까.

나가며

제 뇌를 탐험하는 여행에 마지막까지 동행해주셔서 감사드립니다.

제 글을 읽다가 '오, 나랑 비슷한 거 같아.'라고 생각하신 분도 계실까요. 만약 그렇다면 저에게 알려주시길 바랍니다. 그래주신다면 무척 기쁠 것 같습니다. 개개인에게 답을 드리기는 어렵겠지만, 독자 여러분에게서 미지의 세계를 배우고 싶습니다. 그로부터 뭔가 새로운 발견을 할 것 같기도 하고요.

자, 본문에 덧붙여 쓰고 싶은 것이 있습니다.

'지금까지 아물지 않은 상처'라고 했던 '우울증' 시절의 자세한 경험은 누구에게도 이야기한 적이 없습니다. 글로 적은 것도 처음이고요. 실은 매일 울면서 원고를 썼답니다.

그렇지만 이가쿠쇼인의 웹 매거진 「칸칸!」에 올라간 글을 읽어보았더니, 당시의 저와 거리가 생겨서 제 글을 냉정히 바라볼 수 있었습니다. 피딱지가 깨끗하게 떨어진 부분은 오래된 흉터로 변해서 이제 건드려도 아무렇지 않더군요. 의도한 건 아니지만 '글을 쓰면 회복된다'는 것을 인체 실험으로 증명한 셈입니다.

다만 그런 일을 저 혼자서도 해낼 수 있었을까 생각해보면, 그러지는 못했을 것 같습니다. 저를 보호해주는 '자리'가 있었고, 제 말을 부정하지 않고 받아들이며 대화해주는 사람이 있었기에 비로소 말하는(쓰는) 것이 가능했습니다. 말할 수 있을 때 사람은 회복된다는 사실을 실감했지요.

원고를 쓰는 동안 편집자 시라이시 마사아키 씨는 멀지도 가깝지도 않은 거리에 '그저 있을 뿐'이었습니다. 그러는 것만으로도 어설픈 글을 보여줄 수는 없다는 긴장감과 막다른 길에 몰려도 반드시 구해줄 거라는 안심이 생겨나더군요. 부성과 모성을 모두 갖춘 시라이시 씨와 함께 작업하며 얻은 것은 앞으로 제가 할 일들에 밑거름이 되어줄 것입니다.

저는 마땅한 경력도 전문 분야도 없습니다. 당당하게 가슴을 펴고 말할 만한 직책도 없는 채 이 나이가 되었죠. 지금도 그저 아픈 사람일 뿐이고요. 저는 그런 인간이지만, 한결같이 성실하게 쓴다면 그걸로 괜찮지 않을까 생각합니다.

책 속에는 뇌가 오작동을 일으킬 때의 일들만 썼기에 제 일상이 터무니없게 보일지도 모르겠습니다. 하지만 실제로는 오작동을 최소한으로 줄이기 위해 매일 이런저런 대책을 세우며 노력하기에 지금은 괜찮습니다. 저는 자립한 생활을 계속하고 있습니다.

시라이시 씨에게서 직접 집필 청탁을 받은 건 3년 전이었습니다. 끊이지 않던 "인지저하증 같지 않다." 하는 말에 지쳐 있던 무렵이었지요. "증상을 어떻게 체험하는지만 써주길 바란다."는 청탁은 마치 하늘에서 내려온 동아줄 같았습니다.

병명이나 '인지저하증'이라는 틀에만 담다 보면 놓치게 되는 것이 무척 많습니다. 연재 청탁은 그렇게 놓친 것들을 충분히 시간을 들여서 신중하게 전할 수 있는 기회 같았지요.

지금 돌이켜보면 그 동아줄은 끝이 보이지 않을 만큼 길었습니다. 하지만 저는 올려다보지도 내려다보지도 않고 그저 눈앞의 줄만 보면서 쉬지 않고 계속 타고 올랐습니다. 그 일을 가능하게 해준 시라이시 씨에게 진심으로 감사드립니다. 또한 이 책을 아름답고 매력적으로 만들어준 분들께도 깊은 감사를 전합니다. 제가 낳은 아이가 이렇게나 훌륭하게 단장을 하고 세상으로 나간다 생각하니 가슴이 벅찹니다.

크리스마스이브에 받은 교정지를 읽으며 '이 사람(=나), 참 이상하네.'라고 생각했습니다.

"그렇구나. 나는 내 생각보다도 '이상한 사람'이었구나."

기쁘지는 않았지만, 웃음이 나왔습니다.

병을 공개한 뒤 저는 '이상한 사람'으로 살아가도 된다고 허락을 받은 것 같습니다. 그래서 전보다 자유로워졌습니다.

사람이라면 누구나 반드시 타인과 다른 좀 이상한 면을 지니고 있을 겁니다. 모두가 '이상한 사람'으로 살아갈 수 있게 된다면, 요즘처럼 각박한 사회에도 바람이 불어들며 활기가 생겨나지 않을까요. 그러면 병에 걸리는 사람도 줄어들지 않을까 망상을 해봅니다.

각자 조금씩 이상한 것이 자연스러운 사회라면, '어느 쪽이 진짜 정통으로 이상한지' 혹은 '어느 쪽의 이상함이 더 우월한지' 하며 비교하는 일은 없어질 것입니다.

누구나 이상한 면을 지닌 채 괴로워하지 않으면서 있는 그대로 살아갈 수 있으면 좋겠습니다. 저는 간절하게, 간절하게 염원합니다.

2020년 2월

히구치 나오미

옮긴이의 말

이 책을 번역하던 도중에 인터넷에서 검색을 해보았다. 키워드는 'VR 치매', 'VR 발달장애'. 검색 결과 몇몇 기사가 나왔고, 다음과 같은 헤드라인이 눈에 띄었다.

"VR · AR로 발달장애인 직업훈련 취업 돕는다."

"치매 VR 시장 선점 경쟁 후끈."

헤드라인은 조금씩 달라도 기사 대부분이 비슷한 소식을 전했다.

가상현실 기술은 두 가지 방향으로 활용할 수 있을 터이다. 하나는 인지저하증과 발달장애 등 장애 당사자들에게 '건강한 사람의 현실', 즉 '다수의 현실'을 경험하게 하는 것이다. 이런 기술의 목적은 '치료'일 것이며, 그 바탕에는 장애 당사자가 인식하는 세계를 '바로잡아야 한다'는 사고방식이 있다. 다른 하나는 이 책에서 소개하는 'VR 인지증'처럼 '장애 당사자의 현실'을 모두가 경험하게 하는 것이다. 이런 기술의 목적은 '공존'일 것이며, 그 바탕에는 장애 당사자의 세계를 '받아들여야 한다'는 사고방식이 있다. 어느 쪽이 옳고 좋은지는 모르겠지만, 많은 이들이 치료가 더욱 '건설적'(=상업적)이라고 여기는 듯하다.

뇌기능장애 당사자는 장애가 없는 다수와 '다른 현실'을 살아가고 있다. 장애 당사자와 비당사자 사이의 거리를 가령 1만 걸음이라고 해보자. 장애 당사자에게 힘을 내어 '다수의 세계'로 1만 걸음을 걸어오라고 하는 것과 1만 명의 비당사자가 각자 한 걸음씩 보태어 다 같이 장애 당사자에게 다가가는 것, 둘 중에 과연 무엇이 실현 가능한 일일까? 나는 아무리 생각해봐도 후자인 것 같다.

본문에서 언급하지는 않지만 이 책은 히구치 나오미가 행한 '당사자 연구'의 결과물이라고 할 수 있다. 2000년대 초반 일본에서 시작된 당사자 연구는 장애와 질병을 지닌 이들이 연구의 주체가 되어 자신의 증상과 어려움을 고찰하는 활동이다. 그 과정에서 당사자들끼리 힘을 모으기도 하고 당사자의 입장에서 '자신을 돌보는 법'을 찾기도 한다.

당사자 연구는 처음에 조현병 당사자들 사이에서 시작되었지만 점차 발달장애, 뇌성마비, 의존증, 인지저하증 등으로 영역을 넓혔으며, 도쿄대의 구마가야 신이치로를 중심으로 학제적 연구가 이뤄지고 있다.

　히구치 나오미는 애초에 인지저하증을 감춰야 하는 치부, 극복해야 하는 병으로 여겼다. 하지만 스스로를 연구하고 당사자들과 교류하면서 마침내는 극복해야 한다는 강박에서 '해방'되어 '오작동하는 뇌'를 받아들이기에 이르렀다. 강연에서 주로 잘하는 일을 자랑스레 보여주던 저자가 이제 대수롭지 않게 환시를 말한다는 사실은 그런 해방의 증거다.

　수많은 무언가의 당사자들이 강박에서 해방되어 있는 그대로의 자신을 고찰한다면, 그리고 자신의 현실을 다른 이들에게 발신한다면 어떻게 될까. 당사자의 목소리에 이끌린 다른 이들이 한 걸음씩 다가간다면, 1만 걸음의 거리 따위 금세 좁힐 수 있지 않을까.

오작동하는 뇌

초판 1쇄 발행 2021년 5월 31일

지은이 히구치 나오미
옮긴이 김영현
펴낸이 김효근
책임편집 김남희
펴낸곳 다다서재
등록 제2019-000075호(2019년 4월 29일)
주소 10358 경기도 고양시 일산동구 산두로 180 709-302
전화 031-923-7414
팩스 031-919-7414
메일 book@dadalibro.com
인스타그램 https://www.instagram.com/dada_libro

한국어판 ⓒ 다다서재 2021
ISBN 979-11-91716-00-9 03330